伝説の
ファンドマネジャー
が見た
日本株式投資
100年史

100 YEARS OF JAPANESE EQUITY INVESTMENT

山下裕士
HIROSHI YAMASHITA

CROSSMEDIA PUBLISHING

まえがき

「愚者は経験に学び、賢者は歴史に学ぶ」。ドイツの鉄血宰相と異名をとるオットー・フォン・ビスマルク（1815〜1898年）が遺した言葉である。

もっとも私は「経験から学ぶこと」が愚者のすることとは考えてはいない。経験の積み重ねと豊富な知識があってこそ、投資判断に直面したとき、正しい瞬間的判断を行えるからだ。

一方、歴史は過去100年以上にわたり、場合によっては数千年前から多くの人々が経験してきたことのうち、後世に語り継がれるべき価値あるものの集大成である。

私は1960年、和暦でいえば昭和35年から証券業界に身を置いてきたが、この間においてすら、私が経験してきたことは、この時代に起こったことのごく一部にすぎない。ましてそれ以前のことは何も知らない。

だが、幸いなことに、私には多くの先輩方との出会いがあった。株が好きで、定年後も歩合外務員として出社されていた方々である。その方々は新入社員の私に、雑談という形で多くのことを話してくれた。

私より40歳以上も年長の人たちであるから、戦前・戦後の興味深い話を数多く聞くことができた。たとえば、戦前の証券会社では、月給はわずかだが、社員が相場を張るのは大目に見てくれた。儲かれば人力車で夜の繁華街に繰り出した。

だが、そういう人たちはあまり財を残していない。

志のある人は、財を成したのち、証券会社を立ち上げたり、他のビジネスを始めたりしている。野村證券、山種証券、立花証券の創業者たちもその成功例である。最近では投資信託・資産運用・運用の助言などの分野で成果を出している企業が増えている。

証券界で世間並みに給与が出始めたのは戦後のこと。大手証券会社が毎月、投資信託の募集にノルマをかけるようになってからという話もしてくれた。

私の勤務先では、個人投資家向け投資情報誌「株式短評」を毎月発行しており、私がその編集長を任されていた。当時、宝塚劇場の座付き作家であった香村菊雄さんにお願いして、野村證券の創業者を描いた『野村徳七伝』という連載小説を書いてもらっていた。その縁で月に一度、原稿をもらいに行き、小説の時代背景などを聞かせてもらった。

株式投資の歴史を勉強する機会は、このように身近にあった。機会は逃すべきでない。

こうした先輩方の話に加え、古本屋などで買い求めた書物など、さまざまな資料を参考にしつつまとめたのが本書の第2部「日本の株式投資100年史」である。第1部「私の投資人生」と第3部「アナリストは会社のどこを見ているのか」は、ともに私の経験に基づくものである。

株式市場で儲かるタイミングとは

1960年代、企業の資金調達は間接金融から直接金融への移行期にあった。間接金融とは銀行借り入れ、直接金融とは証券市場での増資などによる資金調達のこと。必ずしもその通りになったわけではないが、少なくとも私たちはそのように教えられた。

ところが今は「株主第一主義」で、現預金に余裕がある企業は自社株買いや増配などの株主還元を要求される。証券市場は資金調達の場から株主還元の場に変わったといえる。これも私が経験したことであり、証券市場の歴史の一場面でもある。

株式市場はほぼ10年サイクルで動いている。例外もあるが、より正確にいうと**8〜12年のサイクル**である。1つのサイクルに上げ相場と下げ相場があり、それぞれに序盤・中盤・終盤という局面がある。相場が5つの上昇波動と3つの下降波動で1つの周期をつくるという「エリオット波動」の原則にも通ずるものである。

最も儲かるのは、上げ相場・下げ相場とも「序盤戦」だ。なぜなら数年にわたる上昇相場の最終局面でマクロ経済は絶好調であり、企業業績もほとんどの企業が最高利益を更新している。マーケット関係者のほとんどが強気になっている。その中で一人敢然と売りに向かう。成功すればリターンは大きい。

逆も真である。相場の底値圏では経済環境も悪く、市場参加者もおおむね弱気になっている。そのときこそ絶好の買い場である。

序盤においてはどの銘柄でも儲かる。インデックスファンドでもアクティブファンドでもよい。中盤・終盤になると銘柄によってパフォーマンスに差が出てくる。銘柄によってはダウンサイドも考えなければならない。

「**周囲強気の渦中にあって弱気を吐くことのいかに大勇気を要するものであるか**」という言葉を残した人がいる。かつての陸軍大佐・松谷誠である。終戦という言葉を口にするだけで逮捕された太平洋戦争末期、早期終戦に向けた計画を提案し続けたときのことである。このエピソードはＮＨＫの特集番組でも放送されたが、株式投資の極意に通ずる心意気である。

天井・底値をどう見つけるか

問題は「天井」「底値」をどう見つけるかである。実際問題としては、転機の来る前に次のステップのイメージを描き、対応を用意しておく必要がある。

私の体験から3つの事例を紹介する。

① 高度経済成長期に見られた法則

私が証券界に足を踏み入れた1960年（昭和35年）は、高度成長経済の最中、証券界も活気に満ちていた。それでも上がれば下がるという当たり前のことは繰り返されていた。

戦後の取引所再開後、最初に訪れた上げ相場は、日経平均株価で見て、1950年7月の安値85円25銭から53年2月の高値474円43銭、値上がり率は5・5倍であった。

次の上げ相場は、53年4月の安値295円18銭から61年7月の高値1829円74銭まで6・2倍。このことから、私は次の上げ相場も5〜6倍になると予想した。

結果は、65年の安値1020円49銭から73年1月の高値5359円74銭まで5・25倍になった。

しかし、「底値から5〜6倍」という私の見つけた法則は、その後、実現することはなかった。戦後の高度成長期特有の現象であったのか、あるいは、戦後、数百倍に達した物価に株価がキャッチアップする過程での現象であったのかもしれない。

② オイルショックの時代の教訓

「**3割の高下には向かえ**」という格言があるが、ちょうどこの格言に当てはまるケースがあった。日経平均で1973年（昭和48年）1月の高値5359円74銭から74年10月の3353円13銭まで、金融引き締めからオイルショックのなかでの調整相場であった。

高値からの下げ率は37・5％、多少の誤差はあるが、この場合は3割下げのあたりから買い始めるのが正解である。その後、15年間にわたるブルマーケット（上昇相場）が続き、89年（平成元年）の大天井まで続く絶好の買い場であったのだから。

私の先輩には、何年続く下げ相場でも「調整、調整」と言っている方々が圧倒的に多かった。問題は「大勢上げ相場の中の調整相場」と「本格的な下げ相場」を見分ける力である。そのためには、日ごろの勉強が欠かせない。

米国・欧州・中国をはじめ世界の政治経済、日本の経済政策・金融政策・マクロ経済・企業業績など。そして過去の株価の動きとそれぞれの時代背景を研究しておくのも有意義だ。

③ 日米の大恐慌からバブル崩壊後の底値を予測

「**半値8掛け2割安**」という言葉がある。大阪の薬問屋や繊維問屋で品物が売れない時の値引きの目安にされていたといわれている。相場用語としては、大相場の後、天井をつけてからの底値の目処を計算する手段として伝えられている。

大相場の天井といえば、先ほど述べた1989年12月の3万8915円87銭。そこから下げ相場に入ったが、「半値8掛け2割安」で底値の目処を計算すると1万2453円となる。

しかし、このレベルで株価は下げ止まらない。そうなると歴史に学ぶしかないと私は考えた。1つはご存じのニューヨーク大恐慌である。1929年9月のダウ平均381・17ドルをピークにして、32年7月に41・22ドルの一番底をつけた。

この間34カ月、89・2%の下げであった。その後、42年4月に二番底をつけたのである。底値は一番底より上であったが、ピークから実に13年7カ月後のことであった。

もう1つの事例は、戦前の日本である。第1次世界大戦の特需ブームで、1920年3月に270円63銭のピークをつけた株価は、関東大震災、金融恐慌、昭和恐慌と続く戦前で最も暗い時代を背景に下げ続けた。

松本和男氏の『２００３年日米恐慌』（中公新書ラクレ）によると、20年3月のピークから31年11月の58円17銭まで、11年8カ月下げ、下落率は78・5％に達している。このデータは勧銀株価指数に基づくものである。

細かい算式は省略するが、この２つの事例から、私はバブル崩壊後の底値を２００２年７月、８３６６円と試算した。結果は03年4月、７６０７円88銭であった。機関投資家としては、私の試算値から買い始めてちょうどよかったということになる。結果論ではあるが。


以上の３つの事例から、何を伝えたいか。

できるだけ多くの引き出しを持ち、臨機応変に引き出しの中身を取り出し、投資判断に活用するということだ。知識や経験は雑然と頭に入れておくだけでは、いざという時に役立てることができない。体系化・法則化して記憶しておくことによってこそ咄嗟《とっさ》の役に立つというものである。本書ではそのいくつかの例を紹介した。参考になれば幸いである。

なお、銘柄選択やタイミングについての基本的な考え方は同じだが、以前、ナビゲーター　プラットフォーム社の泉田良輔氏にインタビューを受け、個人投資家向け経済メディアの

「Longine」に紹介された内容を基に、同氏の了解を得て本書の第3部として再構成した。

本書は、後輩のアナリストからの要請がきっかけとなって書き始めたものである。いわく「山下さんの60年近いキャリアの中で、私たち後輩に伝えるべきことを書き残してほしい」と。私自身、証券界に入った時、先人たちの相場に立ち向かう姿勢・考え方などに興味を持ち、調べてみた。

多くの相場師と呼ばれた人たちの生き様について調べてみたが、最も印象に残ったのは、江戸時代、米相場の世界で名を成した本間宗久翁である。彼については本文で詳述する。

本書を手に取っていただいた皆様にとって、お役に立つ部分が少しでもあれば、筆者にとってこれに勝る喜びはない。

2020年5月

山下 裕士

『伝説のファンドマネジャーが見た日本株式投資100年史』 目次

第2部　日本の株式投資100年史――黎明期からバブル崩壊後まで

第3部　アナリストは会社のどこを見ているのか

第1部

私の投資人生

──失敗の数々、そして得た教訓

1　私が株取引を始めたとき

父の教え

私の株取引の歴史は、1960年（昭和35年）4月、大阪屋證券株式會社（のちにコスモ証券への商号変更やM&Aを経て、現在は岩井コスモ証券株式会社）に入社したときから始まる。

大阪屋證券への入社が決まったとき、私の父がこうアドバイスしてくれたことを、今なお鮮明に覚えている。

「証券会社に入った以上、相場を経験したほうがいい。世の中には若い時に相場に手を出さず、定年後に退職金をもらってから投資講演会に行き、株を初めて買う人が多い。しかし定年後に株を買って失敗したら、取り返しがつかない。若い時なら失敗しても何とかなる」

そういうことで20万円を貸してくれたのである。初任給が1万3000円くらいの頃だから、現在に置き換えると300万円くらいに相当する金額であろう。

さっそく、このお金で南海電鉄の株を買った。当時、私鉄各社は沿線の住宅開発で本業以上の利益を上げている人気株であったが、まだまだ上がると見て買ったのである。案の定、この株は短期間で2倍になった。これが私の株取引のスタートである。

次に新規上場の日本コンデンサ（現在のニチコン）を350円で買った。京都にある本社の社長室は畳の部屋にデスクを置いてあり、そこで90歳前後の社長から現況、将来の展望などを聞き、700円が妥当の株価と判断した。

投信の運用課長や営業マンにも薦めるとともに、もちろん自分でも買った。時はまさしく高度経済成長の真っ只中、短期的には「岩戸景気」（1958～61年）で沸いていた頃の話で、薦める株も、自分で買う株も、ほとんどが値上がりした。

とあらば、投資資金はどんどん増えていくはずなのだが、実際にはいつも父から借りた20万円しか手元にはなかった。独身で20代前半であった私は遊ぶのが忙しく、儲けはすべて小遣いとして消えてしまったのだった。

調子に乗って痛い目に

1962年（昭和37年）4月、東京支店調査部へ転勤となった。転勤前に大証二部の3銘柄を買い、ほぼ2倍の評価益が出ていた。今では考えられないが、この頃の転勤といえば、送別会や歓迎会を派手に行うのが普通だった。

実際、約2週間にわたる連日の送別会が続き、転勤先への着任後もほぼ2週間にわたる歓迎会。20代とはいえヘトヘトになるほど飲み続けたのである。

ヘトヘトになっていたからか、転勤前に買った投資銘柄の株価は全然見なかった。見なくてもいつものように上がるものだと思っていたのだろう。ところが、気がつけば評価益はすっかり消えてしまっていた。人生はそんなに甘いものではなかったのである。

61年7月に天井をつけた岩戸景気相場はその後、4年間にわたる下げ相場と転じた。当然、会社の業績も落ち込んでいき、同期入社の同僚たちは次々と辞めていった。

63年7月、私は東洋経済新報社が開催した「米国テクニカル分析」というセミナーに出席した。講師は日本航空パイロット寮の舎監をしている四方さんという方で、パイロットに海外の投資関係の書籍を買ってきてもらって研究しているという異色の人だった。四方さんは、このセミナーでエリオット波動や移動平均線を日本で初めて紹介した人でもある。この後、ご自宅まで訪問して相場観の議論をさせてもらった。

その結果として、当面の下げ相場がまだ続くとの確信を得た。実際、それからさらに2年間にわたって下げ相場が続いたのである。

倒産続出の「証券恐慌」

この下げ相場を見て、私は信用取引の空売りを始めた。その後、ニューヨーク株の暴落、ケネディ大統領の暗殺など悪材料も重なり、日本株も下がり続けた。

1963年、会社の調査部が10人近くの社会人経験者を採用した。3人の都市銀行出身者、大学教授、新聞記者、自衛隊出身者など、居ながらにして社会勉強をさせてもらった。なかでも三井銀行（当時）から転職して来られた池田安久治さんは私の生涯の師となった。池田さんについては、のちほどまた述べたい。

63年に信用取引の空売りを始めてから、市場は予想通りの弱気相場が続いていた。

翌64年1月には日本共同証券が設立された。これは、供給過剰だった株式を買い上げるための株式棚上げ機関であり、同年3月から翌65年1月まで10カ月にわたって買い支えを続けた。

しかし、この65年1月には日本共同証券の買い支え資金も使い尽くし、市場は再び急落。山陽特殊製鋼、サンウェーブの倒産など不況色が強まっていった。

とりわけ証券界は酷かった。「証券恐慌」と呼ばれるほどの厳しい状況に追い込まれ、山一證券や大井証券に日銀の特別融資が実施された。この年7月12日には東証ダウが１０２０円49銭の安値をつけている。

こうした厳しい状況を背景に、同日行われた東京都議会議員選挙では、社会党が過半数を占めた。

大きな借金を背負った教訓

その頃、私の取引状況がどうなっていたかというと、引き続き目一杯の空売りをかけていた。東証ダウ１０００円割れの後、ゆっくりと買い戻しのタイミングを探そうと考えていたのである。

結果、1965年7月13日の寄り後こそ東証ダウは1000円を下回ったが、その後、出来高を伴って急反発に転じた。悪材料続出のなかで、4年間にわたる下げ相場の終焉を迎えた瞬間で、私にとっては最悪の成り行きだった。

買い戻しのタイミングを逸した私は、含み益を失っただけでなく、かなりの借金を背負うことになってしまった。

当時の私にとっては、あまりに大きな授業料だった。しかし、この授業料を払ったおかげで、その後の下げ相場の底入れ局面には大過なく対処できるようになった。

このときの大きな失敗体験から、私は2つの教訓を得た。

第1の教訓。株式投資は真剣勝負である。博打ではない。儲かったからといってすべてを小遣いに使ってはいけない。失敗することもあるので、儲けの半分はそのときのための備えとして残しておく。

第2の教訓。失敗は誰にでもある。その失敗は授業料と考え、しっかり記憶に留めておく。同じ失敗を繰り返してはいけない。

生涯の師

1963年（昭和38年）に三井銀行からの転職で入社された池田安久治さんについて再度触れたい。78年にフィデリティに移るまで15年間、私は勝手に池田さんの弟子にさせていただいた。

池田さんは東京大学法科卒で司法試験・公認会計士試験にも合格されており、大変な努力家だった。その一方、株式・不動産はもとより、刀剣・絵画などバブル時代に相場変動のあるものには何でも投資するという相場好きな人でもあった。

私も「刀剣をやるならゲン付けに一本やる」と言われたが、保管場所に困るのでさすがに断った。しかし不動産・絵画などは、手ほどきを受けて参考にさせていただいた。

池田さんの株式投資は、古い相場師タイプだったが、新しい考え方も積極的に取り入れて実践するという面もあった。アメリカから投資関連の書籍も取り寄せ、夜を徹して読んでいた。その後、専務取締役になり、コンピューター関連子会社の社長になったが、惜しくも職務中に急逝された。

ところで、投資資金をなくした私は何をしたか。もちろん、会社の仕事は真面目にやっていたのだが、それだけでは物足りないものがあった。そのとき、池田さんが次のようなアドバイスをくれた。

「大きい樹に枝や葉が茂り、花が咲いていても、根がしっかりしていないと強い風で簡単に倒れてしまう。根は地中にあって植物を支え、水と養分を吸収する。根が何本もあってしっかり伸びていれば、風が吹いても樹は倒れない。根を伸ばせ、根を伸ばすんだ」

ひと言でいえば、「常に勉強を怠るな」ということである。基本的な知識、すなわち経済学・会計学・証券分析等の習得とともに、理論だけでなく実践への応用によって実力を高めていくことが重要だとアドバイスしてくれたのである。

この教えを受けて、改めて自分の実力をつけるべく、基本から勉強し直した。その成果が出たのかどうかはわからないが、やがて外国部長から誘いがかかった。海外機関投資家向けのレポートを作成し、定期的に欧米の顧客に説明に行くという仕事である。フィデリティも重要な顧客のひとつであった。

2 私がつかんだ投資の心得

究極の判断「カン」

50年以上も証券業界にいて、これまでも、今も、「相場はこれからどうなる」ということばかり考えていた。運用の実践から離れた今でも、買い注文・売り注文を出している夢を見る。アナリストとして18年、ファンドマネジャーとして23年、アドバイザーとして17年以上、この道一筋に生きてきた。先輩として後輩たちから聞かれることは多い。

過去に何があったか、私の経験については答えられるが、「これからどうなる」という質問には自信をもって答えることはできない。ただ、私がこれまで手探りで生きてきた経験を振り返りながら、皆さんの運用人生、人によってはアナリスト人生のヒントになるものを、いくつかでも汲みとっていただければ幸いである。

本論に入る前に、引退した野球選手2人の言葉が、私の相場観を極めるプロセスと共通したところが多いので、紹介しておく。

1人目は、千葉ロッテマリーンズで2度の日本一に貢献した里崎智也捕手（2014年に現役を引退）である。

捕手のリードに定義なんてない。永遠のテーマです。同じ配球でも打者を打ち取ればいい配球と称賛され、打たれれば非難される。すべてが結果論でしかない。打たれないためにはどうすればいいのか？　まず頭にたたき込むのがデータ。投手の投球スタイル、相手打者の打撃分析、相手監督の戦術……そこにプロ野球らしい見栄えをほどこすのが感性だ。〔中略〕試合は生き物、データ通りに抑えられるほどプロは甘くない。その日の投手や打者の調子、試合の流れ。数字に表れなくとも、その場で自分が感じたもので応用を利かせる。〔中略〕捕手で一番大切なものは感性だ。〔中略〕「自分の好き勝手を適当にやっていた」というアマチュア時代はいわゆる勘任せ。同じ「カン」でもプロに求められる感性には理論や経験に裏打ちされた根拠が不可欠だ。

（2014年12月18日付 日本経済新聞朝刊）

もう1人は、中日ドラゴンズで50歳まで現役で活躍した山本昌投手。投手でありながら、やはり捕手の重要性に触れている。

頭脳労働と思われがちな捕手だが、頭で考えているようではまだまだ。投手の調子、打者の力量、試合展開などすべてを把握し、直感でサインを出せるようにならないとレギュラーは務まらない。そうなるのには膨大な経験が必要で、だから捕手を育てるには時間がかかる。

（2016年5月24日付 日本経済新聞朝刊）

この2人が言わんとしていることは、データを集めることはもちろん重要だが、そのデータを活かす感性や直感がより重要だということであろう。

我々の世界でいえば、データを集め、数字を分析することはもちろん基本である。しかし日々刻々と変化する世界経済・日本経済・市場環境の中で、投資判断や銘柄選択をいかに的確に行うか、究極的には感性や直感に頼るところが大きいと思う。

分析しても決断できないとき

相場観を持ち、銘柄選択を行うためには、十分な勉強なり、調査なりが必要であることはいうまでもない。問題はそうした手順を尽くしても決断できない時である。

見送りや静観という手もある。しかし、売りか、買いか決断を迫られる場合、たとえば保有している銘柄が値下がりした時、買い増しするか、損切りするか。

できる限りの調査は当然する。しかし、決断するに十分な情報が得られない……。相場は動いている。われわれの決断を待ってくれない。

そういう時は、十分ではないが、得られた情報の範囲で決断する。投資経験の豊富な人であれば、過去の類似したケースを参考にしながら決断する。ほとんど投資経験もなく、市場環境や会社分析の手法も知らない人が、衝動的に、あるいは他人の言葉だけを頼りに売り買いするのを「ヤマカン（山勘）」という。当然、失敗する確率が高い。

人には「五感」と称する「視・聴・嗅・味・触」の5つの感覚がある。それぞれ「眼・耳・鼻・舌・皮膚」で感じ取っている。このほかに第六感というものがある。広辞苑によると「鋭く物事の本質をつかむ心のはたらき」と書いてある。

味覚や聴覚など五感には、もともと感覚の優れた人と鈍い人がいる。第六感も人によって持って生まれた違いはある。端的にいえば、いわゆる「カンのよい人・カンの悪い人」がいるということである。

もともとの感性の違い（カンのよい人・悪い人）は変えようがないが、その後の努力や経験の積み重ねで、自己の感性を磨くことはできる。

大勢だけを見る

江戸時代を代表する米相場師、本間宗久は、今に通ずる数々の名言を残している。なかでも私が共鳴しているのは、相場の大きな流れ（大勢）だけを見る「通い相場（往来相場）には手を出すな」ということである。

日本株の大勢を見るためには、次の3局面に分けて見るとわかりやすいだろう。

①１８７８年の東京株式取引所創立から１９４５年の終戦までのいわゆる戦前の相場
②１９４９年の取引所再開から１９８９年のバブル終焉までの上昇相場
③１９９０年から現在に至るバブル崩壊後の相場

①の戦前相場で相場がピークをつけたのは、次の3回である。

1895年4月　日清戦争の終結
1905年9月　日露戦争の終結
1918年11月　連合国・ドイツと休戦協定の調印

戦前相場では、基本的に**戦争景気で上げ、戦争終結でピークをつけている。**日露戦争については1905年に講和条約を締結したが、その後も戦勝景気が続き、1907年になって株式は大暴落、経済界にも反動不況が来た。なお太平洋戦争では、世の中すべてが統制価格であったのにならって、株価も管理相場の様相を呈し、大きい上下動はなかった。

②の取引所再開からバブル崩壊までのダウ平均ピークを見ると、次のようになる。

1953年2月　474円　朝鮮動乱、スターリン暴落
1961年7月　1829円　神武景気、岩戸景気、金融引き締め

１９７３年１月　５３６９円　いざなぎ景気、過剰流動性景気、金融引き締め
１９８９年12月　３万８９１５円　債権大国時代、バブル景気、金融引き締め

この時代はおおむね設備投資主導型の高度成長時代で、前半は国際収支の天井、後半はインフレを理由に金融引き締め政策に転換、前後して株価もピークをつけている。

③のバブル後の株式市場はどうか。89年（平成元年）12月のピーク後を振り返ると、次のようになる。

底	天井	関連経済対策
１万４３０９円（92年８月18日）	２万１０７６円（93年６月３日）	10兆７０００億円の経済政策（92年８月）
１万６０７８円（93年11月29日）	２万１５５２円（94年６月13日）	15兆２５００億円の総合経済政策（94年２月）
１万４４８５円（95年７月３日）	２万２６６６円（96年６月26日）	14兆２２００億円の経済政策（95年９月）
１万２８７９円（98年10月９日）	２万０８３３円（２０００年４月12日）	23兆９０００億円の緊急経済対策（98年11月）

以上のように、90年代には何度も大型経済対策を発動している。対策は、短期的には株価上昇、景気改善の効果を上げたが、その効果は長続きしなかった。結果は財政赤字の拡大、不良債権問題の深刻化という副作用のほうが大きかった。

今にして思えば、93年、94年、96年はひとつの「ボックス相場」の動きともいえるもので、89年の次のピークは2000年4月であったと考えていいだろう。

そう考えると、先にも少し触れたが、明治の取引所開設以来、相場はおおむね「8〜12年のサイクル」の中で動いてきたといえる。

日米3つのスーパーサイクル

戦後の取引所再開は1949年（昭和24年）5月16日で、ダウ平均は176円2銭だった。その後の安値は50年7月6日、85円25銭。この安値を起点として、壮大な戦後上昇相場となったわけだが、到達点は89年12月29日の3万8915円87銭だった。

期間にして39年5カ月、上昇率は456・5倍だった。その後、バブル崩壊に向かい、不良債権処理に一応の目途がつき、株価の底を確認したのが、2003年4月28日のダウ平均で7607円88銭だった。下げ期間は13年5カ月弱。高値からの下げ幅は実に80・5％になったのである。

一方、アメリカでは1921年以前のデータはないが、ニューヨーク・ダウ工業株30種が、21年のボトムの63ドルから29年9月のピークである381ドル17セントまで、6倍の値上がりを示した。

その後、32年7月の41ドル22セントまで、わずか34カ月で89・2%の暴落となった。さらに後、37年3月10日の194ドル40セントまで中間反騰を経て、42年4月28日の92ドル92セントの二番底まで下げ続けた。1929年のピークから二番底まで13年7カ月を要したことになる。


もうひとつのスーパーサイクルは、戦前の日本で発生している。スタートは「松方デフレ」(西南戦争の戦費調達によるインフレを解消すべく松方正義大蔵卿が実施した財政政策によるデフレ経済)である。

1886年(明治19年)のボトムから、日清・日露戦争、第1次世界大戦を経て、大戦後の1920年(大正9年)にピークをつけた。

これは、工業化の進展を背景とした36年間のブルマーケットであった。統計上は勧銀と東洋経済の株価指数で見ると、1915年1月の83円から20年3月の270円63銭までの上昇となっている（15年以前のデータは確認できなかった）。

その後、下げ相場に転じ、1931年（昭和6年）11月の58円17銭まで11年8カ月、78・5％の下落となった。この間、23年の関東大震災、27年の金融恐慌、29年のニューヨーク株式大暴落などを経験している。

以上、3つのスーパーサイクルに共通していえることは、「山高ければ谷深し」の言葉通りで、いずれも80％前後の暴落という結果になっている。10年サイクルの騰落がよいか、80％の暴落という結果になってもいいから一度は大相場を経験してみたいか。いずれにしても、永遠の上げ相場はないということである。

3　主役の交代

財閥解体

戦前、株式は財閥と金融機関および資産家階級だけに保有されていた。戦後は財閥解体などの諸事情から、広く大衆投資家に分散所有されるようになったのである。

1947年（昭和22年）11月、GHQは財閥の解体を指令し、三井・三菱・住友・安田の四大財閥に加え、新興の6財閥も解体の対象となった。財閥の株式はHCLC（持株会社整理委員会）に移され、さらに証券処理調整協議会（SCLC）が一般に分売する役目を担った。分売する予定の株式はこのほかに、民間大企業の分割や持ち株の処分、外地銀行や特別金融機関の閉鎖、政府出資会社の解散などによって売り出される分もあった。

投資家は、これらの持ち株が市場に売り出される時期を待っていた。また戦後の厳しい財産税の徴収を機に、個人投資家の所有する株式が売却されるケースも加わり、株式市場は売り圧迫となった。

これらの売却を待っている株式の資本金総額は全国の会社の総払込資本金総額の45％に匹敵するという推計もあった。

粗い計算だが、これは現在の東証時価総額600兆円の45％、270兆円にほぼ匹敵する。日銀のETF（上場投資信託）6兆円ではとても支え切れる金額ではない。

1947年に「証券民主化運動」が始まり、NHKラジオでは「産業復興と貯蓄のために株を買いましょう」と放送していた。45年における全国の個人株主は165万6000人、持ち株数は2億3059万株だったが、わずか4年後に株主数が418万3000人（2・5倍）、持ち株数は13億7000万株（5・94倍）に膨れ上がった。これは、全国上場株式の68・4％である。

投資信託の時代

1949年5月16日、東京・大阪・名古屋で証券取引所の立ち会いが開始された。取引所の開始後、個人株主は五月雨のように持ち株を売却し始めた。その受け皿となったのが、51年にスタートした**証券投資信託**である。

当初は野村證券・山一證券・大和証券・日興証券の4社に認可が下り、次いで大阪屋證券・大井証券・大商証券の3社に認可が下りた。

既述の通り、私は1960年4月に大阪屋證券に入社したわけだが、神武景気に続く岩戸景気の最中ということもあって、基準価格は好調だった。特に中小型株中心に運用した大阪3社の投資信託は、額面5000円に対して償還前に軒並み2万円を超え、勧誘に行かなくても投資家のほうから店頭に来てくれるという状態だった。

かくして63年、投資信託は時価総額の9・5％を占めるに至り、市場では「池の中の鯨」と呼ばれるまでの大きな存在になった。投資信託組み入れ銘柄の売り買いは値動きが大きく、市場での注目の的となっていた。

しかし、60年・61年と2年連続の2桁成長で輸入が急増し、外貨準備高は15億ドル弱まで減少したため、成長をスローダウンさせるべく、政府は61年7月に金融引き締めに踏み切った。これをきっかけに株式市場も同年7月にピークをつけ、下げ相場に入っていった。

株が下がるから投信の基準価格も下がる。そうすると投信の解約が増える。解約が増えると組み入れ銘柄を売る。そのため株価はさらに下がるという悪循環が続いた。

その対策として、1964年1月に設立されたのが、先に触れた日本共同証券にほかならない。繰り返しになるが、これは銀行・証券会社・保険会社などが共同で出資した株式棚上げ機関である。

同機関は、1934億円の株式を買い付け、65年1月には日本証券保有組合を設立して投資信託から1825億円、証券業者から500億円の過剰株式を買い取った。

一方では、山一證券・大井証券に対し、昭和初期の金融恐慌以来という日銀の特別融資も行われている。

ちなみに、この年の株式時価総額は6兆4100億円だった。時価総額に占める投資信託の比率は、ピークだった63年の9・5％から5・6％に落ち込んでいる。マーケットが底入れした後も減り続け、6年後の69年には1・2％まで落ち込み、完全に主役の座を降りることになった。

持ち合いの始まり

株式のほうは、1965年（昭和40年）7月にダウ平均1020円で4年間にわたる下げ相場に終止符を打ち、その後は本格的な上昇相場に転じた。

同年7月27日の経済政策会議で、国債発行を含む抜本的景気振興政策が決定された。同年12月には戦後初めてとなる1300億円の国債発行となった。この結果、神武・岩戸に続く「いざなぎ景気」へとつながっていったのである。

一方で、1967年に始まった第1次資本取引自由化は、70年には第3次資本取引自由化に進み、外国人投資家の日本株式取得枠が大幅に引き上げられていった。外国部に移っていた私に、ある日、事業法人部の同期生が、「長谷工を顧客に薦めろよ。高株価政策をとるから値上がりするぞ」と言ってきた。

「高株価政策とは何だ？」という私の質問に、彼は「日商岩井などの取引先と長谷工が相互に相手方の株を買い上げることだ」と言った。

この頃、大手証券も上場企業に対して「資本取引自由化で外資に買い占められるから、安定株主工作を進めるべき」と上場企業に奨めて回った。多くの上場企業はこの話に乗って**安定株主工作**を始めた。

安定株主工作とは、事業会社同士あるいは事業会社と金融機関が相互に相手企業の株を市場で買って持ち合うことである。当初、銀行はこの持ち合いに消極的で、銀行株もポートフォリオに入れていないほうが相対パフォーマンスに有利に働くという状況であった。

この間のマーケットの主役は電気機器で、時価総額に占める比率は1974年(昭和49年)の8・6%から83年12月には21・6%まで高まった。

私のポートフォリオも電気機器に大きなウェイトを置き、銀行株はゼロだった。ところが84年の年初から都銀株(この頃は11行)を中心に銀行株が急騰し始めた。私のポートフォリオでも電気機器を減らして銀行株を大量に買ったのである。

このときの判断はまったくカンによるものだった。


後でわかったことだが、遅ればせながら都市銀行の大半が取引先の企業との持ち合いを始めていたのである。たとえば東京三菱銀行の株価は、1983年中は500円前後で推移していたが、84年から急騰し始め、87年には4350円の高値をつけた。

そして、翌88年には3146円で5000万株の公募増資を実施したのである。当時の事業会社の多くは同様に安定株主を増やすとともに、高値での資金調達に成功している。

取引所再開時、金融機関の東証時価総額に含める持株比率は、わずか9・9%であったが、バブルのピーク前後である88年9月には41・0%に拡大した。

同じく事業法人は、1949年の5・6％から90年の30・1％になった。両者合わせて約70％である。

89年の時点では、個人は20・5％、外国人投資家は4・2％にすぎなかった。

バブルの仕上げは事業法人・金融機関を中心とした**特金**（特定金銭信託＝証券会社の事業法人部が企業から運用を任されて、運用成果を上げようという信託）、**ファントラ**（ファンドトラスト＝指定金外信託）の乱舞であった。

バブル期のファンド対応

つまり、バブル崩壊の直前は、持ち合いという形で事業会社や金融機関がお互いの株価を引き上げていったのである。そして、値上がりする過程ないしは高値圏で、**公募増資・CB（転換社債）・WB（ワラント債）**などで大量の資金を調達していた。

なかでもCB・WBは、1986～89年の4年合計で62兆4000億円という資金を市場から吸い上げ、この資金の大半が特金やファントラという形で株式市場において運用されたのである。

特金とファントラの残高は84年3月末で2兆5000億円、86年末で20兆4000億円、

89年9月末に46兆7000億円と急増した。その大半は**営業特金**だった。

営業特金とは、証券会社の事業法人部が企業から運用を任され、運用成果を上げようというものである。しかし、この頃には業績、財務内容などが優れた一流企業の株価は、十分評価される水準まで買われていたので、これら資金の運用対象としては業績を無視したテーマ株が主に選ばれた。

すでに私は84年・85年に三井不動産を訪問して、東京にオフィスを探し始めている外国の金融機関が多数いるということを聞いていた。ならば、オフィスビルやマンションの需要が急増する。

東京都心における不動産ブームの到来を確信した私は600円台だった三井不動産を大量に買った。結果はピーク時に3300円台まで値上がりした。

同様のメリットを受ける三菱地所・住友不動産も安値で大量に買った。

一方、その頃、東京電力も静かにポートフォリオに組み入れた。株価は1000円前後、配当利回りは約5%、加えて円高・原油安・低金利のトリプルメリットを受けるというのが買いの理由だった。

その後、特金の運用資産が運用対象として、いわゆる「ウォーターフロント関連銘柄」を探し始めていた。改めて調べてみると、東京電力は豊洲に広大な土地を持っていることがわかった。さらに調べると東京ガスも同じく豊洲に広大な土地を持っていることがわかった。その一部が築地から移転した豊洲市場になっている。

ともあれ、東京ガスは200円前後で大量に買うことができた。結果は東京電力9420円、東京ガス1590円と高値をつけた。おそらく今後も見られぬ高値だったのではないだろうか。

バブル最終局面の時価総額と投信

バブルの主役となった特金とファントラ46兆7000億円に加え、投資信託が1988年17兆円、89年24兆円というハイペースで設定され、バブルの最終局面を彩った。

ちなみに、この頃の東証一部時価総額は、次のように推移していた。

1984年末　154・84兆円
1985年末　182・70兆円

1986年末　277・06兆円
1987年末　325・48兆円
1988年末　462・90兆円
1989年末　590・91兆円

このうち特金・ファントラおよび投資信託の合計金額は、およそ時価総額の13〜14％に達していた。「池の中の鯨」といわれた1960年代初頭では投資信託の割合が9・5％だったが、「鯨」を上回る大きなインパクトを市場に与えていた。

85年のプラザ合意に発したバブル相場の局面で、米国大手企業の年金が日本株をポートフォリオに組み入れ始めた。私はその運用を担当していた。

86〜87年は前述した不動産大手3社に加えて東京電力、東京ガスなどを組み入れ、バブル相場を先取りした。

しかし、88年・89年は特金・ファントラが主役となり、取り上げられた銘柄が、新日鐵、川崎製鉄、ＭＨＩ（三菱重工業）、ＩＨＩ（石川島播磨重工業）、ＫＨＩ（川崎重工業）などの「ウォーターフロント関連銘柄」だったのである。

もちろん、これからの銘柄についても私なりのリサーチをしたが、そのほとんどはポートフォリオに組み入れるだけのファンダメンタルがなかった。

というよりも、バブルの最終局面における東証一部市場のPER（株価収益率）は60〜70倍に達しており、この水準を正当化することはできなかった。

私に運用資金を預けてくれた米国企業の年金担当者たちも、東京市場からの資金引き揚げを急ぎ始めていた。1986年から89年の4年間のパフォーマンスは、株高で2倍、円高で2倍、合わせて4倍強という結果であった。バブル崩壊後の後始末に追われた証券会社、特金・ファントラの運用に関わった人たちと比べて「天国と地獄」であった。

外国人の株式取得制限の緩和

第1次資本取引自由化が実施されたのが1967年（昭和42年）7月1日であり、この日をもって外国人の株式取得制限も緩和された。制限業種は10％から15％へ、非制限業種は15％から20％へというものだった。

69年3月1日からは第2次資本取引自由化が実施され、翌70年の9月1日からは第3次資本取引自由化が実施された。

このように、海外投資家における対日投資の環境は着々と整備されていった。ちなみにアメリカの投信会社、フィデリティ・インベストメンツの東京事務所が開設されたのは69年であり、かなり先見性を発揮した動きだったといえる。

私は71年4月、大阪屋證券の調査部から外国部に転勤となった。外国人投資家の対日投資が活発化することを睨んだ動きである。

とはいえ、海外投資家が日本株に占める比率は67年1・9％、71年5・2％。バブル前のピークは83年の8・8％、大天井の89年末で4・2％と、2桁に乗せることはなかった。

外国人の持株比率が10％を超えたのは95年、20％を超えたのは2003年、30％を超えたのは2013年である。

95年はバブルのピークから6年目で、日経平均はピーク時の半値以下に落ち込んでいた。03年になると日経平均7607円88銭の安値をつけ、大手銀行の不良債権処理がクライマックスを迎えていた。

この年から10年後、2013年が、いわゆる「**アベノミクス**」がスタートした年である。

ところで、私はバブル崩壊が始まったばかりの1990年、JFEスチール（川崎製鉄と日本鋼管の統合会社）のミーティングの席で、財務担当の宮崎常務に、「持ち合い株を全部売って、その売却代金で自社株買いをすべきではないか」と提案した。常務は関心を示さず、「そんなことはできない」と頭ごなしに否定されてしまった。続いて新日本製鐵の今井敬副社長にも同じ質問をしたが、取り合ってくれなかった。お二方とも覚えておられないだろうが、そのときよりずっと安値で売却したのはこの2社だけではない。ほとんどの事業会社・金融機関が同じような行動をしたのである。その受け皿として持ち株を増やしていったのが外国人投資家である。

外国人が日本株を買った理由

外国人投資家が日本株を買ったのは、2つの理由がある。

1つはPERなどのいわゆる「バリュエーション」がほぼ欧米株並みに低下したこと。もう1つはバブルで「肥満体質」になった企業が本気でリストラに取り組み始めたことである。後者について具体的にいえば、3つの過剰といわれた、「人」「設備」「債務」を適正水準までカットし、不採算事業からの撤退、コーポレート・ガバナンスの導入など彼等が投資しやすい環境が整ってきたことである。

かくしてバブル後の安値近辺で金融法人・事業法人の持ち株の大半が外国人投資家の手に渡ってしまった。

そして、2012年(平成24年)12月に安倍内閣が発足。13年3月に黒田日銀総裁が就任した後に量的・質的金融緩和の導入を決定し、アベノミクス相場がスタートしたのである。外国人投資家は13年に15兆円強の大量買い越しの後、15年・16年は小幅の売り越し、17年も基本的には様子見姿勢をとっている。今後、外国人投資家の持ち株を高水準で日銀が肩代わりしていくことのないよう願いたい。

どこまで続くか日銀のETF買い

アベノミクス相場がスタートした後、株式の需給面からいえば当初、GPIF(年金積立金管理運用独立行政法人)の株式組み入れ比率25%への引き上げが株価にインパクトを与えた。日銀の量的質的金融緩和を好感した外国人投資家の大量買いも市場を賑わせた。

ただ外国人投資家の買いは前述の通り2013年で一段落しており、GPIFの株式組み入れも16年3月には29兆7300億円に達し、ほぼ終了した。

日経平均は15年6月に2万0868円の高値をつけた後、高値圏で推移している。日銀のETF(上場投資信託)買い入れは10年に年間1兆円で開始され、14年10月には3倍の3兆円、16年7月からは年間6兆円に、そして20年3月には年間12兆円に増額された。


株価が高値圏にあったのは、企業業績が好調を続けているゆえであることはもちろんだが、日銀のETF買いが続いていることも大きな要因になっていた。

思い出すのは、岩戸景気を背景とした投信ブームで熱狂した強気相場が、金融引き締めをきっかけに反転した市場のことである。

1961年(昭和36年)7月の1829円高値から最終的に65年7月の1026円まで4年間、45%の下げ相場となったが、この下げ相場を食い止めるべく、64年1月に設立されたのが日本共同証券だったことはすでに述べた。

日本共同証券は2000億円の資金を使ってダウ平均1200円を1年間防衛したが、その資金を使い尽くした65年1月には、相場は防衛線を破られて一段の下げ相場になってしまった。

当時の時価総額は11兆6500億円で、2000億円という資金はその1・7%にあたる。この資金を使っても、相場の流れを一時的に止めることはできたが、流れの方向を変えることはできなかったのである。

日銀のETF買いは1年に12兆円、今の時価総額の2%強である。当時の日本共同証券に比べてインパクトは大きい。しかも、日本共同証券は1回限りであったのに対して、今回の日銀ETFはこの後、何年続くのだろうか?

今の段階で予想はできない。量的・質的金融緩和の出口政策次第ということなのか。

4 投資尺度の変遷

1960年当時と現在の環境の違い

私の経験では、投資主体が変わると投資尺度も変わっていった。私のアナリスト人生のスタートは1960年（昭和35年）、当時の代表的企業の配当は額面50円に対して5～6円が一般的だった。

トヨタの8円、松下電器産業の10円は高いほうであった。個人投資家だけでなく、生命保険会社なども好不況にかかわらず安定配当を続ける企業を好む傾向があった。特に生命保険会社は赤字企業に対しても配当の継続を要求しており、無配になれば持ち株を売却した。

しかし、株式投資の上で当時と現在では次の2点で大きな環境の違いがあった。

1つは、戦後のハイパーインフレの中で資産再評価が実施され、結果として多くの企業が再評価積立金を持っていたことだ。この再評価積立金に関連して、一定期限までに無償増資を行い、資本金に組み入れることを要求されていた。

もう1つは、有償増資がすべて額面増資で行われたことである。たとえば新日本製鐵の株価が100円、1株当たり配当が5円の株を2000株持っていたとしよう。

2株に対し、1株割り当ての増資が行われ、そのうち1株につき10円が無償増資だったとする。2000株所有する株主には新株1000株が割り当てられるが、払込金は1株40円（10円は無償）、そして増資後も1株当たり5円の配当は継続される。

増資前の株価100円、配当利回り5％は、増資後の株価80円、配利回り6・25％となる。翌年も同様の増資が予想される場合、増資後の株価は100円に戻る。

かくして増資前20万円分の新日鐵株を持っていた株主は、4万円の払い込みで30万円分の株主となる。しかも、年間の配当金は1万円から1万5000円に増えた。これが毎年のように繰り返されたので、株主にとってはきわめて都合のよい時代であった。

ただし当時、設備投資が活発で資金需要が旺盛であった新日鐵のような企業にとって、増資による調達資金はわずかで、株数だけが増えていく。この制度は後日、時価発行が当たり前となったとき、1株当たり利益の水準が抑えられ、株式市場からの資金調達といった面で不利な立場に置かれた。

ちなみに、2020年5月時点の新日鐵（現・日本製鉄）の株数は95億株（2015年の併合で9億5000万株）である。

PER（株価収益率）の変遷

1962〜63年に最初の外国人投資ブームがあった。米国の投信と個人が主力であったが、規模はそれほど大きいものではなかった。

68〜70年の第2次外国人投資ブームの規模は、第1次に比べて非常に大きかった。

余談だが、その頃、私はまだ調査部にいた。「会社四季報」に1株利益の記載がなかった頃である。ある日、調査部長が私にこう言った。

「主な銘柄の1株利益を計算し、それで株価を割る。それを株価収益率というらしいぞ」

さっそく、我々はそろばんでその数字を算出した。

「部長、計算はできました。ところで株価収益率は何倍以下が買いですか？」と部長に質問すると、部長の答えは「わからん」だった。PER事始め……そんな時代であった。

この頃の外国人投資家の投資行動を適切に表現しているのが、壁井与三郎氏の『かぶと町回顧五十年』（東洋経済新報社）である。その一部を引用させていただく。

彼らが用いた銘柄新手法とは、どんなものであったろうか。（中略）利回り採算を中心に考えていた当時としては、まったく趣の異なった新手法であった。彼らは第一に利益の成長性を問題にし、第二に技術力と経営力の優劣を検討してランクづけをし、最後に株価収益率を計算して、その低いものを投資適格銘柄として追及した。

そして壁井氏は、その適例として銀行株を挙げている。

日本の銀行は日本経済の成長と歩調を合わせて（中略）成長産業であった。一方、配当の方は政府の行政指導によって9％という低位に抑えられていた。5分利回りで買えば90円というのが当時の銀行株の妥当値とされていた。ところが一株当たりの利益は28円とか30円という高いもので、外国人はこれに着目した。一株の利益を28円とみれば株価収益率は3・2倍にすぎない。この外国投信の買いで68年に81円の安値をつけた住友銀行の株価は70年3月には350円に跳ね上がり（中略）こういった現象は小型成長株に一層強く現れた。ソニーは

68年4月期、一株当たり利益が50円（6カ月）であったが、69年10月期には77円（6カ月）に増加した。配当率は依然3割を続けたが、この株式を外国人投資家は654円の安値から5850円まで買い上げた。これが成長株採算である。

こういった考え方に目覚めた日本の投資家も以後、**PER**や**PBR（株価純資産倍率）**を銘柄選択の重要な判断基準とするようになった。ようやく日本の投資家も国際的な考え方に近づいたといえる。

私も1971年から78年にかけて証券会社の外国部に所属し、欧米の機関投資家向けにレポートを作成した。このレポートを持って彼らを訪問し、議論をしたが、まったく違和感なく迎えてくれた。何件かの投資家からは大口の注文も出してくれた。

バブルの最終局面で

1980年代後半に入ると、バブルの最終局面を迎えることになる。85年のプラザ合意に基づくドル高是正のための協調介入、「円高不況」としての積極的財政政策、金融緩和、低金利政策を背景に地価の高騰、そして株高局面が続いた。

その結果、東証一部の時価総額は80年73兆円、85年182兆円、89年590兆円と急増した。ちなみに東証が取引再開した1949年の時価総額は1500億円にすぎない。PERは70年10・56倍、80年22倍、85年33倍、89年末には67倍と急上昇した。もはやPERで株価水準を説明することはできない。PBRも89年末には5倍に上昇した。

ところで、1950年代の資産再評価法によって企業の機械・設備等は評価換えがなされたが、土地についてはほとんどの企業が戦前の帳簿価格のままに留め置いた。土地の再評価をしても6％の再評価税を取られる上に減価償却の対象にならないからである。その結果、戦前から広大な土地を持つ企業には、戦後の「土地神話」といわれるほどの地価高騰によって膨大な含み益が発生した。この含み益を自己資本に加えると、実質的なPBRが1を大きく下回る企業が多数あることがわかった。

アメリカのノーベル経済学者、ジェームズ・トービンが提唱した「**トービンのq理論**」において、「**Qレシオ**」および「**実質株価純資産倍率**」とも呼ばれるのは、株式市場で評価された企業の価値を資本の再取得価格で割った値のことで、企業の価値とは時価総額から債務を引いた数値をいう。証券界では資本の再取得価格を「企業の自己資本に土地の含みを加えたもの」と勝手に定義していた。

要するに、PERでは買えなくなった企業の株価をさらに買い上げるために当時の証券界、なかでもリーダーシップをとっていた野村證券が考え出した屁理屈であった。

このシナリオに沿って、証券界の個人営業・法人営業、資金提供した銀行、特金・ファントラを通して参加した事業法人などが総出演でバブルに参加したのである。バブルが終わった後も踊り続けたのはオリンパスだった。

こうした中で冷静に売り抜けたのが外国人投資家である。彼らはこの異常ともいえるバブル相場には参加せず、本来の評価基準から判断して高すぎる日本株を売り、バブル崩壊後の安値で買い戻したのである。

バブルがはじけて株価は暴落した。特金やファントラに浮かれた事業法人、持ち合いが裏目に出た金融法人と事業法人はいずれも多額の損失を出しながら持ち株を売却した。

その受け皿になったのが外国人投資家である。彼らは83年に8・8％まで日本株の持株比率を増やしていたが、バブルのピークとなった89年末にはほぼ半減させていた。そして安値圏で持ち株を大量に増やし、キャッシュ・リッチとなった日本企業に増配や自社株買いを迫る存在感を示している。

属性	1989年末	2016年末（単位：%）
金融機関	39・8	28・4
事業法人	29・5	22・1
外国人投資家	4・2	30・1
個人	20・5	17・1

彼らは一貫した投資尺度に従って行動しているだけであり、日本株の安定株主になったわけではない。その点は留意しておく必要がある。

事実、外国人投資家の持株比率は2014年に31・7％のピークをつけた後、15年に29・8％、16年30・1％となっている。日本の政治情勢、アベノミクスの行方などをじっくり検討して、次の方向を決めようとしているのだと考えられる。

典型的な官製相場

アベノミクス相場の初年度にあたる２０１３年（平成25年）は、外国人投資家が圧倒的にマーケットのリーダー役を務めた。14年以降は徐々に日銀ＥＴＦの買い越しが目立ってきた。13年以降の買い越し総額でも日銀ＥＴＦが外国人投資家を上回っている。

西暦	外国人投資家	日銀ETF
2013年	14兆6507億円	1兆0953億円
2014年	9965億円	1兆2845億円
2015年	▲3258億円	3兆0694億円
2016年	▲3兆6220億円	4兆6016億円
2017年	7914億円	5兆9033億円
2018年	▲5兆3916億円	6兆5040億円
2019年	▲4兆8060億円	4兆3772億円
総額	2兆2932億円	26兆8353億円

この間、個人・金融法人・事業法人・投信は脇役に甘んじている。まさに典型的な官製相場といえる。

官製相場は1964年にもあった。下げ相場を食い止めるべく、日本共同証券が設立された時代である。2000億円の資金で1年近くにわたってダウ平均1200円を割らせなかった。

しかし、2000億円を使い果たした翌日から、相場は本来のダイナミックな動きを取り戻した。

今回のアベノミクスでは、日銀の介入がいつまで続くかわからないというのが大きい違いである。

官製相場の問題点

官製相場の問題点は2つある。1つは、市場の本来あるべき水準がわからなくなることだ。その結果、市場のボラティリティ（価格の変動率）が縮小し、リクイディティ（市場の流動性）も小さくなる。それはすなわち、**市場への参加者が少なくなる**ということである。

もう1つは、日銀の買いが指数連動型あるいはTOPIX連動型のETFということで、一定の基準で銘柄選別をする資金ではないことである。

一方で綿密な調査分析をして銘柄選別をする機関投資家が市場の主流となり得ず、成果を上げにくいということである。

見方によっては投資尺度不在の市場になったともいえる。一方で、市場の約30％の株式を保有する海外投資家はファンダメンタルズに基づいた投資行動を行っていることを忘れてはならない。

5　今こそ役立つ本間宗久の米相場語録

江戸時代の相場師に学ぶ

江戸時代の相場師・本間宗久（1724～1803年）の語録には共感し、今日でもそのまま適用できるものが多い。当時、株式相場はないからすべて米相場の中での語録である。私が気に入っているものをいくつか紹介する。

①**米商いは、付け出し**※1**大切なり**。付け出し悪しき時は決して手違いになるなり。また商い進み急ぐべからず。急ぐ時は付け出し悪しきと同じ。売買とも今日よりほか商い場なしと進み立つ時、三日待つべし。これ伝なり。とくと米の通いを考え、天井底の位を考え、売買すべし。これ三位の伝※2なり。底値段出ざるうちは、幾月も見合わせ図当たる時を考えた売買すべし。

※1　付け出し……投資の第一歩。すなわち、投資する前の心構え、投資の基本姿勢、投資の準備、投資への着手などのこと。
※2　三位《さんみ》の伝《でん》……現在の相場の位置、材料、投資家心理（市場人気）を一体として考える。

②**通い相場（往来相場）には手を出すな。**相場の大きな流れ（大勢）だけを見る。投資方針を決めたら、目先の小さな価格変動に一喜一憂するな。

③相場として必要なものは過去の出来事などをよく覚えている**記憶力**、記憶やデータを細かく分析して一定の法則を見つけ出す緻密な**分析力と思考力**、相場に影響を与える**情報の収集力**、過去と現在の材料・情報に基づいて将来どうなるかを的確に予想する**洞察力**、相場がどの程度上がるか・下がるかを読む**判断力**、売りか買いかを決める**決断力**、決断したことを迷うことなく実行できる**実行力**、目先の相場変動にうろたえない**精神力**や**忍耐力**、相場に失敗しても困らないだけの**資金力**。

④**才能、環境、努力**……相場の世界は孤独、頼れるのは自分の判断力と決断力、資金力だけ。他人に相場観を聞いて失敗すると友情とお金、そして相場を徹底的に勉強するチャンスを失う。

⑤わからないものには手を出すな。

⑥予想が外れて損失が発生したら、できるだけ早く**損切り**すること。ナンピン買い（すでに

持っている株が値下がりしたときにさらに買い増して平均単価を下げること）や、ナンピン売りはするな。

⑦みんなが強気で、自分も強気のときには売りを考える。誰もが弱気で自分も弱気のときには買いを考える。

⑧相場で失敗しないコツは失敗した原因を突き止めて、同じ失敗を二度と繰り返さないことである。

これらの中でも特に重要と思えるものは、②の「**相場の大きな流れ（大勢）だけを見る、目先の小さな価格変動に一喜一憂するな**」という教えである。

これは株式投資における個別企業の分析でも重要である。大勢が何年くらいを意味するかはケース・バイ・ケースだが、経営者の経営姿勢、ビジネスモデルなどから判断してできるだけ長期の展望を描ける企業であることが望ましい。

米沢藩主・上杉鷹山の教え

もう1人紹介したいのが、旧米沢藩の藩主として有名な上杉鷹山《ようざん》（1751～1822年）

の教えだ。具体的には次の通りである。

働き　一両
考え　五両
知恵借り　十両
コツ借り　五十両
ひらめき　百両
人知り　三百両
歴史に学ぶ　五百両
見切り　千両
無欲　万両

「天明の大飢饉」の時代に藩財政を立て直し、殖産振興を図った名君の教えである。藩の財政運営、あるいは人生訓としての教えであるが、熟読するほどに企業経営・企業分析・相場観測に通ずる名言が多く含まれている。

なかでも「**見切り千両**」を熟知していれば、1997年（平成9年）頃の金融機関の不良債権処理、山一證券の倒産など、もう少し傷の浅いうちに処理できたのではないだろうか。

投資顧問会社の資産運用においても、数多くの投資対象のなかには成功例の半面、失敗作が出ることは避けられない。この場合、早い見切りで傷を浅くし、有望銘柄の投資に振り向けることはとても重要である。

参考になるのは「曲がり屋さん」

相場格言はまだまだたくさんあるが、最後に私が常々、頭に入れている格言をもう1つだけ紹介しておく。

「**当たり屋に付くより曲がり屋に向かえ**」

「当たり屋」と呼ばれる人はいつの世にもいるけれど、何カ月も何年も当たり続けている人とは会った記憶がない。ほとんどの人は当たったり、曲がったりで、この人たちの考えを聞いても参考にならない。参考になるのは「曲がり屋さん」である。

私の最初の上司である調査部長は典型的な曲がり屋だった。しかも相場の短期波動までいちいち相場観を述べてくれる。そして理路整然と間違えてくれる。

時にご自身でも間違っていることに気がつくが、「相場が間違えている」と言って反省しない。だから曲がり続けてくれる。私にとってはありがたい存在であった。

その後、職場が変わっても、「曲がり屋さん」は意外と見つかるものである。身近に「当たったり、曲がったり」という人しかいないときは、あるいは「あきらめて相場観を言わなくなった人」しかいないときは、外部の著名なストラテジストの相場観に耳を傾けてみるとよい。立派なことを言っているが、いつも間違えている方が必ずいらっしゃる。

もちろん、私たち自身の相場観を持つことが重要だが、大事な局面では、自分と同意見の人を探すより、反対意見を持つ「曲がり屋さん」を見つけることで、少なくとも私は自信を深めている。

6 株価の先行性

株価は景気の先行指標か

内閣府が公表している景気動向指数のうち、先行系列には11の指標が採用されているが、その中に東証株価指数が含まれている。

そこで株価が景気の先行指標なのかどうか、戦後の景気動向指数の山・谷と、日経平均のピーク・ボトムの関係を調べてみた。

景気の山と谷は合わせて30回ある。このうち株価が景気に先行したのが26回、同時が2回、遅行が2回であった。先行した24回の平均期は9・7カ月、同時および遅行を含めた30回の平均は7・49カ月である。

株価が景気の先行指標であった確率は86・7%、先行した期間はおよそ7ないし10カ月であった。

私が証券界に入った時期、株価には先見性があると戦前からいわれていた。そして戦後のわずかな経験でも、それは証明されていたのである。

経済より相場の研究に没頭し……

そこで私は「相場を当てるには経済の勉強よりも相場の研究をしたほうがよい」と思い、ケイ線（株価チャート）やテクニカル分析にかなりのめり込んだ。

もちろん、個別企業の分析および会社訪問が最優先であったが、社長に会って話を聞くことは銘柄選別に重要であることはもとより、私自身の人生におおいに役に立った。

ケイ線やテクニカル分析にのめり込んでいた私を見て、調査部担当の専務取締役から次のような忠告があった。

「企業経営者に会って面談するなら、しっかりと経済の話ができないようでは恥をかくぞ」

言われてみれば至極当然の忠告である。

私は大学で景気循環論を得意とする教授のゼミに属していた。忘れかけていた大学の知識をベースに、株式相場の背景となる経済現象にも関心を持つようにした。

テクニカル分析とは、過去の天井・底値についてケイ線の型、出来高の推移、市場をリードするセクター、銘柄などをいくつかの類似したパターンに分類し、相場の予測に役立てようとするものである。

経済の成長パターン・循環パターン、相場の天・底、ともにまったく同じ現象の繰り返しはない。しかし部分的には共通した現象の繰り返しはある。その共通した部分をいくつかの類型にして整理し、相場の予測に役立てる。

そして、景気循環や相場波動の過去と現在の相違点についての研究も重要である。経済情勢、国内の政治、社会情勢、経済活動、金融、為替、等々に目配せして、現在起こっている経済情勢、相場動向など過去との違いを把握し、前述の予測に修正を加えていく。

何より重要なのは身をもって体験し、その体験を次に活かしていくことである。私事でいえば、証券界に足を踏み入れたのが1960年（昭和35年）、岩戸景気の最中にして、時の池田内閣が所得倍増計画を打ち出した時代である。約1年4カ月で日経平均は50％上昇、61年7月にピークを打ってからは4年間で44％の値下がり、5年間でブルマーケットとベアマーケットを体験することができた。当時、コンプライアンスという言葉もなく、自己勘定での投資、信用取引での売りも経験することができた。

7 外国人投資家の黎明期

調査部から外国部への異動

1969年（昭和44年）9月、フィデリティ・マネジメント・アンド・リサーチ・カンパニーの東京連絡事務所が開設された。初代の所長は蔵元康雄さんである。71年4月、私は調査部から外国部に異動となった。海外機関投資家の日本株買いが本格化する兆しが見えてきた頃のことである。私の役目は外国人投資家向けに推奨銘柄を選び、レポートを作成することだった。

レポートは欧米および香港の機関投資家に向けて配送された。そして、配送先の機関投資家へ定期的に訪問し、日本経済、株式市場、銘柄について議論していった。

その頃、東京では第一世代の日本人ファンドマネジャーが活躍し始めていた。フィデリティの蔵元さん、ロスチャイルドの会社型投信ＴＰＨの運用を任されていた佐々木さん、サムライ・ファンドの武田さん、ＴＡＣの代表三谷さん、ジャパックの新倉さんなど。

この方たちは国内営業で成績を挙げたベテラン営業マンは相手にせず、証券アナリストを大事にしてくれた。私の場合、銘柄の推奨だけでなく、どのセクターの銘柄でも調査依頼を引き受けたので重宝された面もある。

そして十分な注文をいただいた。もともと営業経験のない私の営業成績が毎月会社でトップになったことも驚きであった。

フィデリティに入社したとき

１９７８年（昭和53年）４月、フィデリティ社に入社した。

実際の入社は３月15日。出社した途端、私の運用資金５００億円が現金のまま待ち受けていた。「すぐに株を買ってくれ」と言われて、即座に数銘柄の買い注文を出した。その日からファンドマネジャー、アナリスト、トレーダーの三刀流人生が始まった。

ところで、大阪屋證券において71年４月に外国部所属となったときの最初の仕事は、海外の機関投資家向け企業レポートを１カ月に１銘柄のペースで作成することだった。

それまでも調査部時代、個人投資家向けの企業レポートを書いていたが、外国人投資家向けレポートは質量ともに充実したものでなければならない。

最初は任天堂の推奨レポートだった。その頃の株価は360円前後と記憶している。出来上がったレポートは欧米と香港の機関投資家に向けて発送された。

レポートの第2号は花王だった。レポートを受け取ったヨーロッパの著名ファンドから最初の買い注文がきた。

同時に、前述の国内在住の外資系ファンドマネジャーにもアプローチを始めた。彼らは私の推奨銘柄の説明に耳を傾けてくれると同時に、彼らのポートフォリオ組み入れ銘柄のフォローアップも頼んできた。きちんとした仕事をすれば、それなりのオーダーを出してくれたのである。

1973年10月、初めての海外投資家訪問の旅に出た。フランス、ドイツ、オランダ、スイス、イギリス、イタリアなど約1カ月の行程であった。

最初はパリだったが、朝一番に訪問した投資家から想定外の質問がとんできた。私が東京を出発した直後、OPEC（石油輸出国機構）が原油価格を2倍に引き上げたというのだ。いわゆる**オイルショック**である。

そう切り出した彼の机の上には、この問題についての簡単な解説とコメントを記した日本の証券会社からのテレックスが置いてあった。このテレックスにざっと目を通した私は瞬時に自分の考えをまとめて説明した。幸い相手の投資家は私の説明に納得したように見えた。

翌年（74年）にはアメリカの投資家を訪問した。ニューヨークではジャパン・ファンドのマネジャーと個別銘柄のディスカッションをした。その他の投資家は米国株中心の運用で、日本の個別銘柄にはまったく関心がなく、マクロ経済の説明で日本経済、日本株式の啓蒙活動を行ってきたという結果だった。

10余年後、そのアメリカの当時の代表的企業であるＩＢＭ、ＧＭ、ＡＴ＆Ｔなど三十数社の年金の一部を日本株で運用するという決定がなされた。フィデリティに移っていた私がその運用の責任者になったのは不思議な巡り合わせである。

8 相場の流れ――業種別の動き

私が運用開始した1979年頃の動き

明日はどの業種が買われるのだろうか？　どの銘柄が上がるのだろうか？　日々、そんなことばかり考えている投資家は少なくないと思うが、結論をいえば疲れるだけで、「労多くして益少なし」のことわざ通りの結果になる。

1979年（昭和53年）に上場したセブン－イレブンは無償増資・分割を含めるとピーク時の99年まで20年間で389倍となった。そこまでうまくいかなくても10年で10～50倍という銘柄はたくさんある。

しかし、何百億円、何千億円あるいはそれ以上の資金を運用する機関投資家にとっては、何十銘柄あるいは100近い銘柄でポートフォリオを組む必要がある。

78年に私が運用を始めたとき、まずは電気機器をオーバーウェイト（資産の配分比率を基準より多くすること。低くする場合は「アンダーウェイト」）した。産業用エレクトロニクス・民生用エレクトロニクスともに当時は技術力が高く、国内だけでなく海外にも売上を伸ばしていた。

代表的な企業としては、日立、ＮＥＣ、富士通、松下電器産業、シャープ、ビクター、村田製作所、ＴＤＫなどが挙げられる。

78年の運用開始時、私は毎年の業種別・銘柄別の値上がりトップ10を記録していた。これを見ると79年に日本石油、帝国石油を中心とした資源株相場があった。

82年には住友金属鉱山が大相場を演じた。菱刈鉱山で金鉱を発見したというニュースに投資家の人気が集中したのである。

この間、電気機器は78年から83年まで毎年値上がりしてトップ10をキープしていた。81年には業種別の値上がりトップにもなっている。いわば6年間市場の主役、ないし準主役のポジションをキープしていたわけだ。

ところが、70年代後半になるとカラーテレビなどハイテク産業で日米の貿易摩擦が政治問題化し始めた。日本の輸出は「集中豪雨的輸出」ともいわれた。80年代に入ると日米貿易摩擦は自動車、半導体、電子計算機、ＶＴＲへと波及していった。

プラザ合意で急速な円高に

そして１９８５年（昭和60年）には、Ｇ５（日米独英仏）によるドル高是正のための協調介入強化で合意がなされた。いわゆる**プラザ合意**である。

その結果、83年に２５０円前後だった円ドルレートは、88年に１２１円へと急速な円高が進んだ。ちなみに公定歩合は、80年3月9％、83年10月5％から87年2月には2・5％まで引き下げられた。

株価はこれらの動きを先取りする動きを見せた。それまでマーケットをリードしてきた電気機器・機械・精密などの加工産業グループは83年12月にピークアウト。入れ替わるように同じ83年12月を底に非製造業のグループが上がり始めた。商業・金融・保険・不動産・電力・ガスなどである。

もっとも、この流れは87年4月に再逆転するのだが、多くの人は気づくのが遅かった。１９８８年から89年にかけてのバブル最終局面での含み資産株相場に目を奪われてしまったからである。

当時の市場の主役は特金とファントラであり、演出したのは野村證券であった。御三家といわれたＩＨＩ・ＮＫＫ・東京ガスを中心に、その周辺銘柄が日替わりのように取り上げられた。企業収益力を無視した相場展開で、気がつけば市場全体のＰＥＲは60〜70倍という水準に達していた。

バブル崩壊後の流れ

そして、バブル崩壊。バブルの傷が小さかった多くの加工産業に属する企業は１〜２年でバブルのアカ落としを終え、前向きの経営に転じていった。

トヨタ、キヤノンを筆頭にコーポレート・ガバナンスをいち早く取り入れたＨＯＹＡ、グローバル展開に取り組んだＳＭＣなど私の印象に残っている企業である。

バブル後の対処を間違えて傷跡を広げていったオリンパスは、数少ない例外企業であった。

一方、バブルの傷が大きく、その処理に10年を超える企業群も多い。その代表は銀行、証券などの金融グループである。その他にも立ち直りに10年以上を要した業種がある。建設、不動産、ノンバンクなどである。

日経平均で見たバブルのピークの３万８９１５円87銭（１９８９年12月29日）からボトムの

7607円88銭（2003年4月28日）まで13年4カ月、この間の1〜2年で底を入れ、回復に向かった企業をコアにしたポートフォリオを組めば、パフォーマンスは良かった。逆のポートフォリオは逆の結果をもたらしたことになる。

そのために企業は何をしたのか？　バランスシートの詳細な分析が第一にすべきことだった。隠れた不良資産・不良債権を持っていないか？　過大な借入金はないか？　そしてできるだけ多くの経営者に会って今後の経営戦略を確認することであった。

こうした相場の流れの変化を見極め、それぞれの局面で主役を演ずる企業を見出すことは、株式運用にとって何よりも重要である。そして流れの変化の背景になるものを十分に理解することである。

たとえば、バブル期の背景にあった「プラザ合意」「前川レポート」の日本経済に与えた影響は、そのまま株式市場に反映され、「バブル」を生み、その後の「バブル崩壊」へとつながっていったのである。

個別銘柄の分析・研究こそが重要

これから10年に一度の買い場がくるかもしれない。株価のピークは8〜12年のサイクルで来るが、ボトムは周期性があまりない。最近でいえばITバブルで2000年4月にピークをつけたときは、ボトムまで3年を要した。リーマンショックのときはピークからボトムまで、1年8カ月だった。ボトムは2009年3月である。

下げが急だった代わりに底固めには時間がかかった。マーケットが下げるとき、個別銘柄は日経平均株価やTOPIXとは別の動きをするということだ。

含み資産バブルのときは89年12月29日のピークから2003年4月のボトムまで約13年4カ月かかったが、個別銘柄の底値は大きく分散している。主な銘柄が底値をつけた時期を振り返ってみると、次のようになる（社名は当時のもの）。

1990年　信越化学、キヤノン
1991年　リンナイ
1992年　日立化成、武田薬品、エーザイ、SMC、ソニー、TDK、トヨタ、本田、ファナック、東京エレクトロン
1995年　富士フイルム、資生堂、日本電産、任天堂

１９９７年　大和ハウス、積水ハウス、森永製菓、ダイキン
１９９８年　住友化学、三井化学、旭硝子、三菱電機、三井物産
１９９９年　コニカミノルタ、住友金属鉱山
２０００年　大成建設、東京ガス
２００１年　ブリヂストン
２００２年　アサヒビール、キリンビール、旧三越、東レ、旭化成、三共、ＴＯＴＯ、新日鐵、オークマ、高島屋、東京電力
２００３年　鹿島建設、ＪＴ、森精機、日立、ＮＥＣ、富士通、松下電器産業、ＳＭＦＣ、ＭＵＦＣ、三井不動産、三菱地所

要はマクロ経済、市場全体の動きを見ることは重要だが、個別銘柄の分析・研究がより重要だということである。

第2部

日本の株式投資100年史

——黎明期からバブル崩壊後まで

1 黎明期の相場師たち

1878年、取引所が設立

日本で初めての株式取引所ができたのは、1878年（明治11年）である。この年の6月1日、渋沢栄一らによって**東京株式取引所**が設立された。日本の株取引の歴史はここから始まる。開業時の上場銘柄は旧公債・新公債・秩禄《ちつろく》公債の3公債だけで、同年7月には東京株式取引所株式が上場されている。

取引所は、東京だけではなく大阪の北浜にも設立された。五代友厚らによって同年8月15日に設立された**大阪株式取引所**である。

東京・大阪を合わせた上場企業は1882年末に19社。1887年末に34社、1897年末に117社と増えていった。ちなみに、日本銀行の創設は1882年である。

戦前の株式は財閥と金融機関および資産家階級がそのほとんどを所有していた。しかし、株価を実際に動かしたのは「相場師」と呼ばれた人たちだった。

名前を挙げれば、田中平八、村上太三郎、山崎種二、福沢桃介、岩本栄之助、雨宮敬次郎、太田収、鈴木久五郎、松谷元三郎、石井定七、五島慶太……等々である。

彼ら相場師たちは命がけで相場を張っていたが、ここでは本当に命をかけてしまった岩本栄之助と太田収を紹介する。

相場師その1　岩本栄之助

岩本栄之助の父親・栄蔵は和歌山県に生まれている。20歳のとき大阪に出て両替商となり、先ほど触れたように大阪の北浜に株式取引所ができた後、ただちに公社債や洋銀（外国の銀貨）の仲介人となった。

栄之助は、その栄蔵の次男として1877年（明治10年）に生まれた。1906年、30歳のときに兄が急死したことによって父・栄蔵の後を継ぎ、株式仲介人の仕事を始めた。

ちなみに、栄之助は大阪商業学校に通っていた頃、**野村證券を創業した2代目・野村徳七**とは、毎日同じ学校に通った同窓の友である。栄之助のほうが1歳上であるが、同時に大阪清語学校および明星外国語学校に通って外国話（英語・フランス語・清語）を学んでいる。

栄之助が27歳のときに日露戦争（１９０４～05年）が始まり出征。陸軍中尉として凱旋した。１９０９年、財界が結成した渡米実業団に加わり、渋沢栄一らとともにアメリカ合衆国を視察している。

岩本栄之助の名を一躍、日本中に知らしめたのは亡父・栄蔵の遺志として金１００万円（現在価値50億円以上）を大阪市に寄付し、中之島公会堂をつくったことである。今もその入口には栄之助の像が立っている。

栄之助が野村の苦境を救ったとき

相場師としての栄之助はどうだったのか。同窓の友だった野村徳七が１９０７年（明治40年）1月頃、大阪取引所株の売り方に回って四苦八苦の状態になったことがある。予想以上に相場が上がった場合、追証（おいしょう＝追加保証金）が必要になるが、野村にはもはや追証を差し出す余力がなかった。

栄之助は買い方に回って儲けていたが、野村らの苦境を聞いて、「持ち株を全部売りつなぎ、さらにドテン売り越し（買いポジションを決済して売りポジションに方針を転じること）をしましょう」と言って売り方に回った。この一件で栄之助は「正義の男」「義侠心を持った男」と呼ばれるようになった。

実は、栄之助と野村徳七は大阪商業学校に通いながら店で働き、商売のやり方を実地で身につけていた。栄之助が買いから売りに転じたのは、義侠心というより、日露戦争の株成金ブームの先を読んで売りに転じたという見方もある。

たまたま栄之助のこの行動が、野村を窮地から救ったというのが正しいかもしれない。栄之助と同じく買い手側で調子に乗っていた株成金たちは、あっという間に儲けを失い、それに続く暴落相場で泥沼にはまり込んでいた。

パニックも起きていた。銀行取り付け、支払い停止、内閣総辞職に発展し、証券取引所も立ち会い停止になり、**解け合い騒動**（売買契約を一定の値段を決めて差金決済すること。相場に大変動があって決済困難に陥ったとき、取引当事者が協議して行う非常手段）も起こっていた。

野村が栄之助を救ったとき

野村が栄之助の苦境を救った話もある。明治43年、買い占め王と言われた高倉藤平（1874～1917年）が大阪堂島米穀取引所株の買い占めを始めた。栄之助をはじめ多数の地場筋は高倉と反対に売り向かった。

結果は高倉の勝ちであったが、栄之助は地場筋の売り玉もすべて肩代わりしていた。そこで野村が調停に乗り出し、栄之助はかろうじて九死に一生を得たのである。

1914年（大正3年）、第1次世界大戦が勃発した。栄之助は「戦争は買い」と言って大阪株式取引所株を買い始めた。戦争になれば特需が増える。日本は不況のドン底から立ち上がると信じた彼の考え方は結果的には正しかったのだが、買う時期が1年ほど早かった。相場が大暴落となってしまったのである。

その後、相場は立ち直り、急騰場面を迎える。栄之助は考えた。

「こんな相場は続くわけがない。やがて講和が結ばれ、株価は必ず暴落する」と。

第1次世界大戦末期の1916年1月のこと、大株は304円にまで上がっていた。栄之助は売り出動したが、同年10月には４８３円という高値をつけ、栄之助の損失は２００万円近くになっていた。

自害した栄之助の悲劇

１９１６年10月22日、岩本商店のすべての使用人と家族を京都・宇治への松茸狩りに出した後、自宅の離れ屋敷に入り、陸軍将校時代に入手した短銃で自殺を図った。

「この秋をまたでちりゆく紅葉哉《かな》」

この辞世の句と遺書を残しつつ、付近の病院に運ばれたが、10月27日の朝、絶命した。享年39歳だった。同年12月13日にドイツ講和提議の報があり、株価崩落、立ち会い停止となるほどであった。わずか２カ月弱、辛抱すれば大儲けに転じたはずだった。

栄之助の予想は正しかったが、時期が少しだけ早すぎたことによる悲劇だった。彼の死後も大阪市中央公会堂の工事は続けられ、１９１８年10月末に竣工した。

相場師その２　太田収

太田収は１９３２年（昭和7年）生まれで、岡山県出身である。同郷の先輩には五・一五事件で暗殺された総理大臣の犬養毅がいた。

犬養を頼って上京した太田は、１９１６年（大正5年）に東京帝国大学法学部を卒業した。もう一人、同郷の先輩で中外商業新報（日本経済新聞の前身）の社長をしていた野崎広太という人物がいた。太田はもともと犬養のような政治家を希望していた。しかし一流の政治家になるにはカネが必要である。野崎広太から証券界入りを強く勧められたこともあって、山一證券の前身である小池合資会社の社員となった。

入社当時は主に公社債の売買が太田の仕事であった。仕事の関係上、銀行や保険会社などの首脳部と交わる機会が多かった。そのうえ兜町で数少ない大学出だったので、１９２１年には山一合資会社（小池合資会社は大正6年に解散。その跡を継いで山一合資会社が設立された）の理事に昇格した。

山一合資会社は26年に山一證券株式会社に改組、太田はその常務に選任され、35年には社長になっている。

「兜町の飛将軍」

太田が目指すのは出世ではなく、「相場師としての成功」であった。当時、株屋の社長が相場を張るのは常識で、太田は「兜町の飛将軍」と呼ばれ、相場師たちのリーダー格となっていた。

山一證券は創始者で相場師である小池国三以来、堅実第一主義を通してきたが、太田収が社長に就任してから積極政策に転ずることになった。

1937年（昭和12年）1月、太田はまだ200円程度の安値にあった鐘淵紡績（鐘紡＝現カネボウ）の新株に目をつけた。3倍増資説を根拠に買い進み、3月には320円の高値をつけた。

地場筋はこれに売り向かってきたが、太田は前日の最安値で生保筋その他の機関投資家に引き取ってもらったので、売り方の予想を超える資金源を持っていたことになる。第一生命の石坂泰三、三菱銀行の瀬下清など一流の財界人がバックについていたといわれている。他の機関投資家も「時価より安い前月の最安値で買えるのなら」と、山一證券から積極的に鐘紡株を買い取った。結果として買い集めた鐘紡新株は35万株以上になったといわれる。

ところが同年7月7日、北京郊外の盧溝橋付近で日中両軍が軍事衝突。この件をきっかけに**日中戦争**が始まった。

紡績業は不要不急の平和産業として資金統制のワクがはめられ、多くの紡績会社は天津や上海周辺に工場を持っていたため大打撃を受けた。

太田の最期も自殺

1937年7月11日、華北派兵の報により紡績・人絹株中心に東京株式市場は暴落局面を迎えることとなった。鐘紡新株も同年7月に大暴落となった。

鐘紡の3倍増資は認められず、2倍増資にとどめられた。同年8月には利子・配当課税を含む増税案の提出をきっかけに諸株暴落。預金の利子課税は据え置かれたが、株式の配当課税は重加された。

翌38年4月には国家総動員法が公布されるなど、環境はいっこうに好転せず、太田収は信用してくれた山一證券や機関投資家に多大な迷惑をかける結果となった。

方策つきた太田は同年4月27日、会社に辞表を提出、翌5月に遺書を書いた後、同28日に渋谷区の自宅で、青酸カリを飲んで自殺した。

教訓①　岩本栄之助の場合

苦境に陥った相場師の要請に応じて売り・買いを決断して相手方を助け、「任侠の人」「正義の男」ともてはやされた。しかし相場は人のためではなく自分のために張るものである。よくよく勉強し、研究した上で自分の信念に基づいて決断・実行すべきものと考える。

教訓②　太田収の場合

信頼関係にある機関投資家の資金力を頼りに買い進む。腕力頼りで成功した例は見たことがない。相場は「利食ってなんぼ」の世界である。自分の資金力だけでなく、世の中の大きい流れの変化を見失わないことこそ大事である。

2　野村證券の誕生と大正時代の証券市場

大阪屋證券の創業と野村徳七

私は1960年（昭和35年）から78年まで大阪屋證券に勤務したが、71年1月、改組40周年を記念して社史が発行された。**初代・野村徳七**が1873年（明治6年）に野村徳七商店を創業し、両替商を始めたときからの歴史とともに、戦前・戦後の世相も描かれている。

実質の創業者となる**2代目・野村徳七**（幼名・信之助）は、両替商のほかに証券業にも力を入れた。1918年には大阪野村銀行を創立し、貿易・保険・紡績・海外事業の展開など財閥形成への道を進み始めた。だが、銀行業と証券業との兼業への世間の批判は厳しかった。このままでは銀行経営での信用に影響するため、証券業を切り離さざるを得なかった。

そこで、野村家の持ち株を当時の従業員が買い取り、1930年に野村家の「大阪屋商店」から、社員による「大阪屋商店」に改組されたのである（43年には大阪屋証券と改称。なお「大阪屋」の名は初代徳七の奉公先の屋号に由来する）。社史はここから40周年を記念したものだが、日本の株式投資の歴史を知る上での貴重な資料であり、その一部を紹介していきたい。

自転車1台、電話1本で株式売買を開始

信之助は、前述のように大阪商業学校に通学するかたわら、近所の私塾にも通って英語と漢文を勉強した。学校から帰ってからはもちろんのこと、日曜日も休日もなく、弟の実三郎ともども、盛んに得意先回りをさせられた。

1896年（明治29年）、信之助は両替のほうは実三郎に任せて、自分はかねてからの念願であった株式売買を始めた。あるのは、自転車1台と電話1本だけ。これを資本に得意先回りをしたのである。

1904年の初頭、信之助は父の店「野村徳七商店」の経営を引き継いだ。これで従来1本であった電話は3本に増え、徒弟は4、5人にすぎなかったが新たに13、14人を入店させた。

信之助は後年、自叙伝的日記である『蔦葛《つたかつら》』に、このときの抱負を次のように語っている。

株式、公社債への投資は、銀行の各種預金と同じように、将来歓迎される時代が必ず来るから商品についての知識を充分に持つべきである。そのためには、証券の本質の科学的研究が必要である。そして、その真価を見いだし、これを投資の対象として顧客に推奨宣伝する。これこそ進歩的な理財行為である。株屋、相場師などと軽侮されるのは、ただ目前の利益に追われるからである。

会社、銀行等の資産内容をよく検討し業績、将来性をよく調査することが大切である。……こうして取引を行えば、世界で投機思惑などと評しても、ちっとも恥ずるところはなく信念を押し進めるべきである。

今日の証券マンにとっても非常に参考になる一文である。

相場で得た巨額利益で経営基盤を確立

とはいえ、野村徳七（信之助。以降、野村徳七の記載はすべて2代目）もまったく相場に手を出さなかったわけではない。

1904年（明治37年）2月、日露の相互宣戦布告によって日露戦争が始まった。戦争は約1年半続き、翌年の9月、ポーツマス条約の締結で終戦、講和した。わが国の勝利をもって終わったものの講和条件は日本にとって厳しいものだった。

旅順陥落、日本海海戦で盛り上がった相場もポーツマス条約が国民の期待に反したことから失望相場となったのである。

この間、徳七は予想に反して自重し、毎日のように各会社を訪問して幹部や重役に会い、調査研究に没頭していた。

しかし、戦後の外資輸入や国内のおける兌換《だかん》券の膨張と日露戦争後の好景気は投機の行き過ぎとなり、世間が熱狂相場に浮かれている1906年（明治39年）末頃から売り方に転じ、大いに売り乗せつつあった。

だが、株価はさらに暴騰を続け、徳七は破産の一歩手前まで追い込まれた。買い方の中心にいた岩本栄之助は親友・徳七の危機を知ってドテン売り方に回った。

そのせいかどうかわからないが、相場は1907年1月19日の高値を頂点に大反落に転じた。売りが売りを呼び、昨日までわが世の春をうたっていた証券市場は、一朝にして万木黄落の惨たんたる光景となった。

この結果、巨額の利益を得た「野村徳七商店」は、ここに基盤を確立することになった。

当時の店員は約30人、電話は10本ほど、そして当時見られなかった女店員を率先採用して、簿記係の助手や電話交換手にした。事務所を椅子・テーブル式の洋風にし、店員の服装なども他店はみな縞の着物に角帯の伝統的な姿であったが、野村の店員にはすでに洋服着用の者が多かった。

品位を学んだ欧米視察の旅

1907年の4月、信之助は2代目「徳七」を名乗ることになった。翌08年3月から8月にかけて、欧米視察の旅に出た。

まずはニューヨーク株式取引所を訪問。さらにブロード街の仲買店ポスト・エンド・フラッグを訪ね、10分ごとにロンドンと直接通話のできる通信設備やそれがそのまま財務省の統計に採用されるという調査部の仕組みについて、ひとしお感ずるものがあった。

このほかニューヨークで学んだことは、「証券取引を拡大するには、いかにしても有力な金融機関との密接な提携が必要である」ということだった。

そのためには「仲買人の品位の向上」によって、投機に対する根本的観念の変更をしなければならないことを痛感したのである。

その後イギリスに渡り、西欧、南北欧を回り、シベリア経由で帰国した。

外遊によって新しい知識や考え方を吸収して帰国した徳七は、斬新な着想と実践力をもって、再び店内改革に着手した。調査部の整備拡充はその1つである。店員に学校出を大量に採用したことも2つ目に数えられる。

当時はどこの店にも、まだ昔からの習慣が残っていて、証券業者も色のあせた紺色の暖簾《のれん》の奥に、縞の着物に角帯姿の店員が座っていて、煙草盆を真ん中に顧客と対談しているといったような時代であった。

店の統制上、徳七が厳重に取り締まったのは、店員の自己思惑ということである。

他の店では店員の自己思惑を黙認して、「自分に必要な金ぐらいは、自分の甲斐性で儲けるがよい」といった風潮が広がっていた。

したがって店員は、自分勝手に自己思惑でもやれば、時には店や顧客の裏を平気でかくといった有り様で、店の統制が乱れるばかりでなく、ややもすると背任行為を伴いやすく、特に店に対して金銭上の損害を与えるような結果をもたらすことさえあったようだ。

株屋の店員といえば、その言葉自体が、当時すでに一種の面白からぬ意味を持っていた。証券業者の品位を高め、かつ、その地位を向上させるためには、まずこの点から矯正してかかる必要があったのである。

第1次世界大戦の勃発と暴騰の熱狂相場

第1次世界大戦（「欧州大戦」ともいう）勃発前のわが国経済は不況続きで、沈滞した空気が漂っていた。

1913年の証券市場も、概して閑散に終始し、取引高は減少する一方だった。14年に入ると、米の大凶作に次いで桜島の大爆発、シーメンス事件、山本内閣の崩壊、北浜銀行の取り付け騒ぎ、大隈内閣の不人気など、元気を失う出来事が相次いで発生していた。東西両市場ともすっかり生気を喪失し、市況も崩落の一途を辿った。そこに突如として欧州大戦が勃発したのである。

1914年6月28日に、オーストリアのセルビアに対する宣戦布告、8月1日にはドイツがロシアに対して宣戦布告をしている。宣戦布告が相次ぐ状況に脅えたイングランド銀行が、7月29日の割引歩合3％を、わずか2日間に10％まで引き上げたことから、経済界はにわかに色を失い、混乱の極みに達した。

1915年の正月を迎えると、冒頭から貿易の輸出大超過が発表され、これによって周囲の気配は急変した。

徳七は前年までは、手持ち株をいかに売るかということに専念していたが、正月が明けると同時に、敢然として180度の転換に踏み切った。大戦勃発以来、考えに考えた上、ようやくその強気の結論に達しようとする矢先、あたかもその結論を裏書きするかのように、貿易の大出超が発表されたのである。

これは、諸株売り止め、諸株買い進めの号令となった。これを機に株式は暴騰し、この年10・11月の取引所の出来高は開所以来の活況を呈した。

1911年に肩代わりした福島紡績が暴騰し、大きい評価益をもたらした。安値で仕込んでいた郵船・商船の船株も10・11月の熱狂相場をリードした。

久原鉱業は1916年2月、資本金1000万円を3000万円に増資するにあたって、一般から10万株を公募することになった。

野村徳七商店ではそのうち2万5000株を引き受けた。顧客先からの注文のあった分だけはその方に渡したが、大部分は手許に残った。

この株価は異常に騰貴し、25円払い込みの新株が最高408円10銭までになり、世間ではこれを「国宝株」と呼んだほどである。

その後も市場は連騰を続け、11月の市場も新甫（しんぽ=月初めの売買取引に新たに出る先物、または相場）の大沸騰を先駆として熱狂相場を展開した。

ところが12月、ドイツの講和提議が伝わると、市場は極度の大混乱に陥り、東京取引所は1週間、大阪取引所は4日間の休会を決定した。

この間、野村徳七商店は飛躍的にその財力と地位を築いた。そして、1917年12月、将来の発展に備えて同店を「**株式会社野村商店**」に改組した。

野村銀行と野村證券、相次いで設立

徳七は1915年（大正4年）5月、大阪野村銀行（27年1月に「野村銀行」と改称）を設立、同銀行は後の**大和銀行（現・りそな銀行）**となる。

1934年（昭和9年）、同銀行に証券部を設置した。39年には、その証券部が独立して野村證券となった。

新発足した株式会社野村商店は弟の実三郎が代表者になり、徳七は監督という立場でその経営を見守っていた。

1920年に、第1次世界大戦の反動恐慌による株式大暴落が起こった。この大暴落を事前に感知した彼は、従来の強気をすべて投げ打ち、いわゆる「野村の赤信号」を出して警戒に努めた。この対応策により、店は何らの損害も被らず、多くの顧客も救ったのである。

しかし、徳七のこうした証券業への態度は、とかく風評を生じやすく、これが設立日の浅い同系の「大阪野村銀行」の業務運営に及ぼす影響が懸念された。この頃から、徳七の動向が漸次、金融資本家および産業資本家としての色彩を強めていった。

昭和初期の世相

徳七が銀行を設立したり、そこに証券部を設置したりした昭和初期の人々はどんな暮らしぶりだったのか。むろんテレビはまだない。ラジオはあったが、普及しているとはいえない。電話は、会社や裕福な家で使われていたが、普通の家に引かれたのはずっと後、昭和40年代である。

当時は電話交換手がいて遠方、たとえば大阪から東京へ通話を申し込むと、3時間以上かかった。したがって、急ぎの用件や取引はたいてい電報だった。長々とやりとりしていると電報料が高くつくので、取引先には予め略語を渡してあった。双方で2、3回やりとりしていると、たいてい2日目にやっと売買成立となるのが普通だった。

電話に慣れることも並大抵でなかった。周囲のやかましい環境のなか、地方筋の方言を正確に聞き取る必要があり、電話の聞き取りは、新入社員には相当の修業になっていた。売買取引は手数料込みの約定で、1株当たり15銭から20銭くらいが普通の手数料である。

交通機関は、市電、人力車または自転車で、最もよく利用されたのは人力車である。徳七の会社には常時、10数台が待機させてあったが、その頃でも大阪駅前に20台くらいあっただけで、一般にはあまり利用されなかった。その頃、人力車をよく利用していたのは花柳界の人たちか医者で、株屋もこのなかに入っていた。主に外交係がこれで得意先回りをしていた。

教訓③　野村徳七の考え方

徳七が第1次世界大戦の最中に船株相場を当て、手持ちの久原鉱業の暴騰などで財力と

株価指数と景気循環

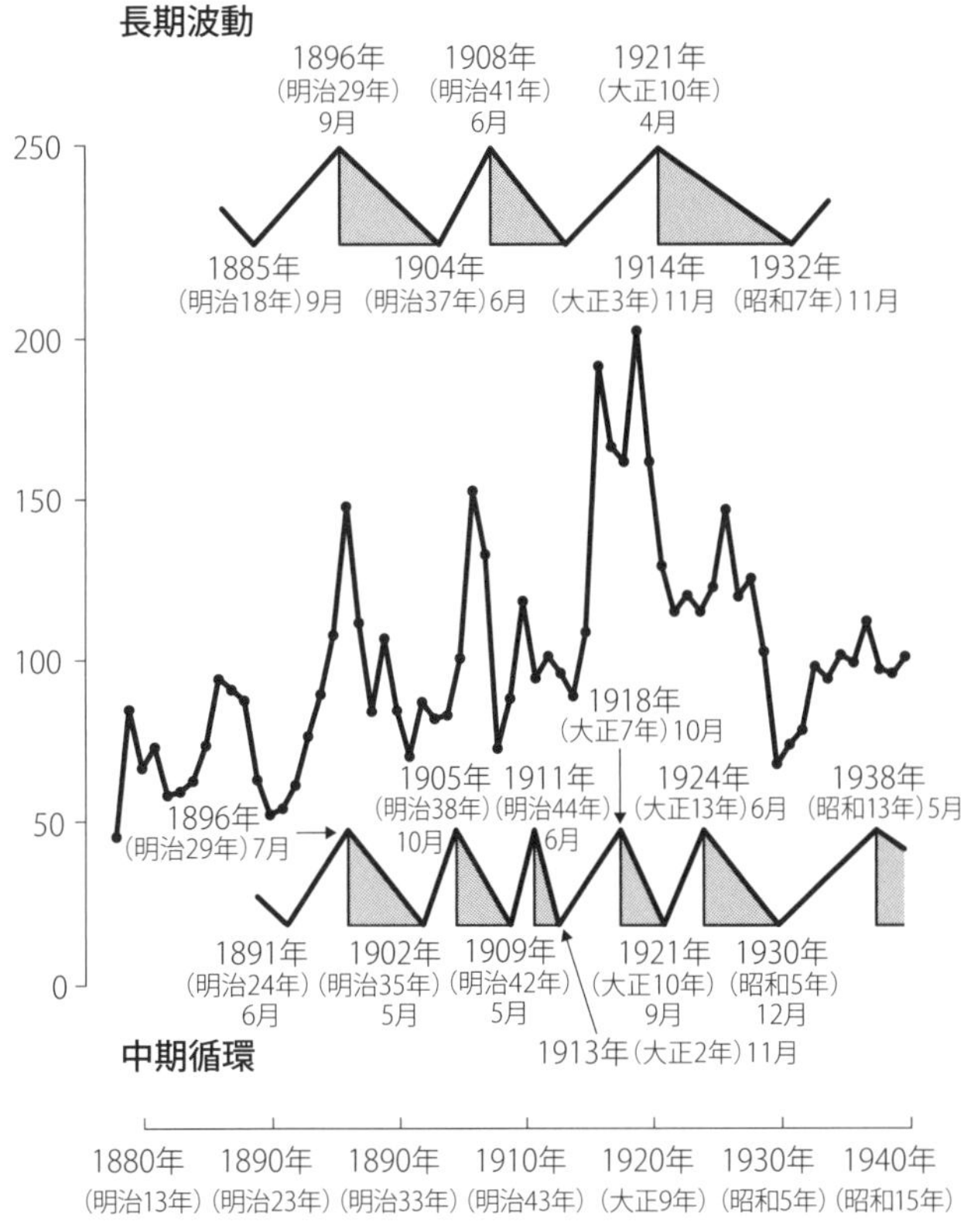

注1　中期循環は藤野正三郎・五十嵐副夫「景気指数：1888－1940年」（1973）から

注2　長期波動は S.Fujino : Construction Cycles and Ther Monetary-Financial Characteristics,Economic Growth,edited by L.R.Kiein & K.Ohkawa, 1968 から

出典：有沢広巳〔監修〕『証券百年史』

地位を築いた後、いつまでも相場の世界にとどまらず、金融資本家および産業資本家として転身していった生き方は参考になる。その後、20年余にわたり証券界は暗黒の時代を迎えることになる。

3　第2次世界大戦と証券界の動き

緒戦の勝利で最騰局面になったが……

第2次世界大戦は、1939年（昭和14年）のドイツ軍によるポーランド侵攻により始まったが、日本は41年12月8日、アメリカおよびイギリスに対して宣戦布告をし、太平洋戦争が勃発した。

緒戦の勝利、すなわち真珠湾攻撃の戦勝に、市場の人気はいやが上にも高揚し、取引所株中心に全面的に最騰局面となった。

数次にわたる証拠金の引き上げ、株価統制令の改正も、相次ぐ戦果の報には市況圧迫材料とならず、市場は活況に満ちあふれた。

翌年の42年に入っても戦勝人気は高揚したが、政府の投機抑制方針と清算差益税の発表によって、警戒気分も濃くなってきた。株式価格統制令は株価の最高価格をも規制できるようになったのである。

同年11月、第3次抑制策の発表を受け、時局産業株の影響は比較的軽微であったが、他の諸株は一斉に崩壊した。

同年12月に発表された「日本証券取引所」案によって、株式取引所を全国一元的に統合して特殊法人とし、取引所株は翌43年3月をもって上場が廃止され、清算されることになった。この発表によって取引所株は大暴落し、全般の市況も不振を極めた。

44年に入ると、ドイツ軍の東部戦線での全面的敗退、連合軍のマーシャル群島上陸、国内も戦時色一色に塗りつぶされ、投資家はますます警戒心を強めていった。

翌45年3月10日の東京、同13日の大阪へのB29による大空襲は、通信・交通網を破壊し尽くした。

3月10日の大空襲によって東京は下町を中心とした大被害を受け、兜町一帯も被災して証券業者も大きな被害を被った。大阪では3月13日未明、大挙して来襲したアメリカの爆撃機のため、1917年の改組から活躍してきた野村商店の店舗が焼失した。

野村商店には、店舗の裏に2棟の土蔵があって、その中にある金庫に証券や現金が収納してあったが、この夜に宿直していた社員の必死の働きで、幸いにも金庫だけは難を逃れることができた。

「戦時金融金庫」の発足

これより数年前の1942年4月、戦時における生産拡充および産業再編成の遂行のために、資金供給の円滑化が図られていた。その一つの策が有価証券の市価安定である。具体的には、戦時経済の運営に万全を期す目的で日本協同証券を吸収し、「戦時金融金庫」が発足していた。

戦争が進むにつれて売り物が増加し、それに押されていく株価を維持するために、45年3月9日の株価、いわゆる「3・9価格」によって、戦時金融金庫の無制限買出動が行われた。

4月の沖縄決戦、5月のドイツ無条件降伏などから、売り物が殺到したのに対し、買い向かうのは戦時金融金庫のみという常軌を逸した様相を呈した。

終戦前の特需株に買い人気

終戦を前にして1945年7月の後半ごろから特需株に対する買い人気が高まった。食品・繊維・鉱業などの株価が上昇した。戦後経済への先見性を発揮した、わずかではあるが、明るい話だったといえよう。

「日本証券取引所」の各市場は8月10日より一斉に休会となった。休会は戦後の1947年4月まで続き、ついに解散となるのである。

45年8月15日、日本の降伏により第2次世界大戦（太平洋戦争）は終結した。

終戦によって証券界は、新たな歴史を刻んでいくことになる。

4 戦後の証券界――取引所再開まで

３年９カ月の禁止期間に証券会社は……

１９４５年（昭和20年）８月15日の終戦後、９月26日に取引所はＧＨＱ（連合国軍総司令部）によって閉鎖され、再開禁止となった。同日、取引所再開禁止の覚書が交わされたのである。覚書には「株式・商品取引所の再開は最高司令部の許可を要す」という趣旨の文言が書かれていた。

ＧＨＱから取引所の再開許可が出されたのは１９４９年（昭和24年）２月。売買立ち会いが始まったのは同年５月16日である。**およそ３年９カ月ぶり**だった。

禁止されていた3年9カ月の期間は、証券業者の営業収入は皆無である。金融機関は株式担保金融を「評価困難」の理由で停止した。当然のことながら業者の資金繰りには手痛い打撃となった。

しかもインフレによる物価高で、赤字はいよいよ累積し、かろうじてわずかの店頭売買による収入や、取引所、取引員協会からの救済融資で生き延びている有り様だった。社員は宝くじや三角くじを街角で販売していた。社員は月給制だから、くじ売りの委託手数料は証券会社に入る。中小証券のなかには魚介類や米、野菜などの販売という闇市まがいのことまでしていた。

取引所の再開は拒否されていたが、証券会社の業務が禁止されたわけではない。実は、店頭にやってくる少数の投資家との間で証券売買が行われていたのである。

証券会社の店頭では、紡績・食品・電鉄・興業の平和産業株が次第に売買されるようになり、わずかずつではあったが出来高は増加していった。ちなみに戦時中は「平和産業株」という言葉はタブーとなっていた。

この店頭での取引は、戦後における証券取引の萌芽ともいうべきものであったが、相対売買であったため、需給の不均衡が起こる。そのための値開きが生じやすかった。これを防ぐために、業者間で気配や出来値の交換が行われたが、それが集団取引へと進展していった。

自然発生的に始まった集団取引

集団取引は自然発生的に始まった。東京では証券取引所が米軍に接収されていたので、近くの「日証館」というビルの2階にある日東証券の店の一部を立会場とした。1945年（昭和20年）12月17日のことである。参加した業者は93社、常時立会人300名でのスタートだった。

2日遅れて12月19日、大阪でも集団取引が開始された。今橋周辺に立会場を置き、参加業者77社、東京都同じく常時立会人300名でのスタートであった。

取引所類似の施設の中で集団売買することは、戦前から違法とされてきたが、GHQは不許可だが黙認という態度で妥協した。その理由は店頭取引のままだと不公正な値段がつきやすい。結果として投資家に迷惑がかかる。そして今後、大量の放出株が予想される。その消化のためにも、市場機構をできるだけ早くつくっておきたいという考えがあったのだ。

集団取引による株式売買高（全国合計）は、1946年に7300万株、47年に3億7900万株、48年に5億1900万株になった。

大インフレと株価

戦後の日本の直面した最大の問題は、終戦によってもたらされた戦時インフレの顕在化と、経済復興のための財政資金の大幅散超（散布超過。払い超ともいう）によって引き起こされた財政インフレであった。

戦時中、軍事費支出のための通貨の増発と、軍需物資の生産優先政策によって、生活必要物資は極度に不足し、そのために起こるであろう物価騰貴は政府の強力な統制によって、かろうじて抑制されていた。終戦によって政府の統制力が喪失するとそれが急速に表面化してきたのである。

壊滅的打撃を受けた生産力は戦前の30～60％に落ちていた。その生産力を、一日も早く戦前の水準に回復させるために、積極的に財政資金の投入を行った結果、財政インフレが起こった。

一方で、終戦後に堰《せき》を切ったように流れ出した国民の購買力が生活必需品の獲得、なかんずく主食の買い出しに向けられた。衣食住のなかでも、最初に必要とされたのは「食」である。食を中心にした景気は「三白景気」と呼ばれた。三白とは砂糖・セメント・肥料のこと。あるいは肥料の代わりに紙を入れる人もいる。

食の次は「衣」である。「織機をガチャンと織れば万の金が儲かる」という意味で「ガチャマン景気」と呼ばれた。繊維・紡績といった糸へんの付く漢字の業種が儲かったことから「糸へん景気」ともいわれた。

食・衣が満たされて「住」に関心が向けられるのは10年ほど先のことである。

食については、半藤一利氏の『昭和史 戦後篇』（平凡社）を引用させていただく。

警視庁経済三課が昭和20年10月末に発表した闇の値段表を参考にすると、1円＝100銭になるが、白米一升1・4キロが70円（公定価格では53銭、以下同じ）――これは132倍になってますね。薩摩芋一貫目50円（8銭）砂糖一貫目（3・75キロ）1000円（3円70銭）――270倍です。ビール1本20円（2円85銭）、清酒2級一升350円（8円）、冬のオーバー1着160円（18円）など。

ちなみに、これは公定価格との比較であるが、昭和10年にビール1本30銭だったのが、昭和25年には130円になっている。433倍である。戦後は1年ごとに物価が急騰しているので、どの時点をとって比較するかによって、品目別の値上がり率も大きく違ってくる。

次ページに終戦前後のマクロ経済情勢をまとめておく（資料・経済企画庁）。

鉱工業生産指数を見ると、1944年（昭和19年）の6・5に対し、45年2・82、46年1・1と急減している。

その後、徐々に回復に向かうが、戦前の44年水準を回復したのは56年になってからのことである。この間11年を要している。

一方、日銀券平均発行高は、同じく44年の177・5億円が、翌45年には554・4億円に急増、51年には4053億円に増発されている。

ちなみに34〜36年の日銀券は17億円である。

インフレ阻止に「金融緊急措置令」

卸売物価指数はというと、1934〜36年を1として、45年には3・503、1957年には368・8となっている。

戦前から1960年までの主な金融関連指標

暦年	国内総生産		国債 発行残高	日銀券 平均発行高	卸売物価
	（名目） 10億円	（実質） 前年比％	億円	億円	戦前基準総合 1934〜36年＝1
1938（昭和13）	26.8	3.4	173	27.5	1.327
1944（昭和19）	74.5	▲3.4	1,076	177.5	2.319
1945（昭和20）	—	—	1,408	554.4	3.503
1946（昭和21）	474		1,731	515	16.27
1947（昭和22）	1,369	8.4	2,094	1,375	48.15
1948（昭和23）	2,666	13.0	2,804	2,415	127.9
1949（昭和24）	3,375	2.2	3,914	3,060	208.8
1950（昭和25）	3,947	11.0	3,414	3,218	246.8
1951（昭和26）	5,444	13.0	3,629	4,053	342.5
1955（昭和30）	8,370	8.8	5,147	5,245	343.0
1960（昭和35）	16,010	13.3	5,209	8,592	352.1
調査機関	経済企画庁		大蔵省	日本銀行	

この猛烈なインフレを食い止めるべく、46年2月17日、政府は「金融緊急措置令」を発表した。

これは通貨の流通を堰き止め、通貨金融面から過剰購買力の吸収封鎖を図ると同時に、物価を安定させ、それにより極力生産の促進を図るという狙いがあった。

封鎖預金からの新円での引き出し可能額は、世帯主で300円、世帯員は1人各100円だった。学校の授業料は旧円で支払いが認められていたが、生活費には新円を使うことになった。

大蔵省はこの「金融緊急措置令」施行の際に、存在している株式（または出資）の払い込みのためだけに封鎖預金を使えるとしていたが、この頃、企業の設立とか増資とかの株式払い込みを必要とする新規産業資金の調達はほとんどなかった。

株式の売買は新円によるという制限が課せられた。証券関係者は大蔵省に熱心に働きかけ、「株式払い込み」だけでなく、「株式買い入れ」についても封鎖預金による支払いができるよう申し入れた。

活況を呈してきた株式投資

大蔵省はこの申し出を受け入れ、株式売買は新円と封鎖預金の2本立てで行われるようになった。封鎖預金で株式を買って、その株式を売れば新円が入るという仕組みが認められたのである。

こうした方法が一般に周知徹底されるに伴い、

① インフレによる物価高、食料難からくる生活費の増大がもたらす新円需要
② インフレ通過措置懸念からくる、円貨不信とその防衛策としての株式投資
③ 使途の制限されている封鎖預金の、唯一のはけ口としての株式投資
④ 現金不足に悩む事業会社の、封鎖預金の現金化のための株式投資

などから、封鎖支払による株式投資は、次ページのグラフに示すように、かつてない活況を呈した。

東証再開前の株価

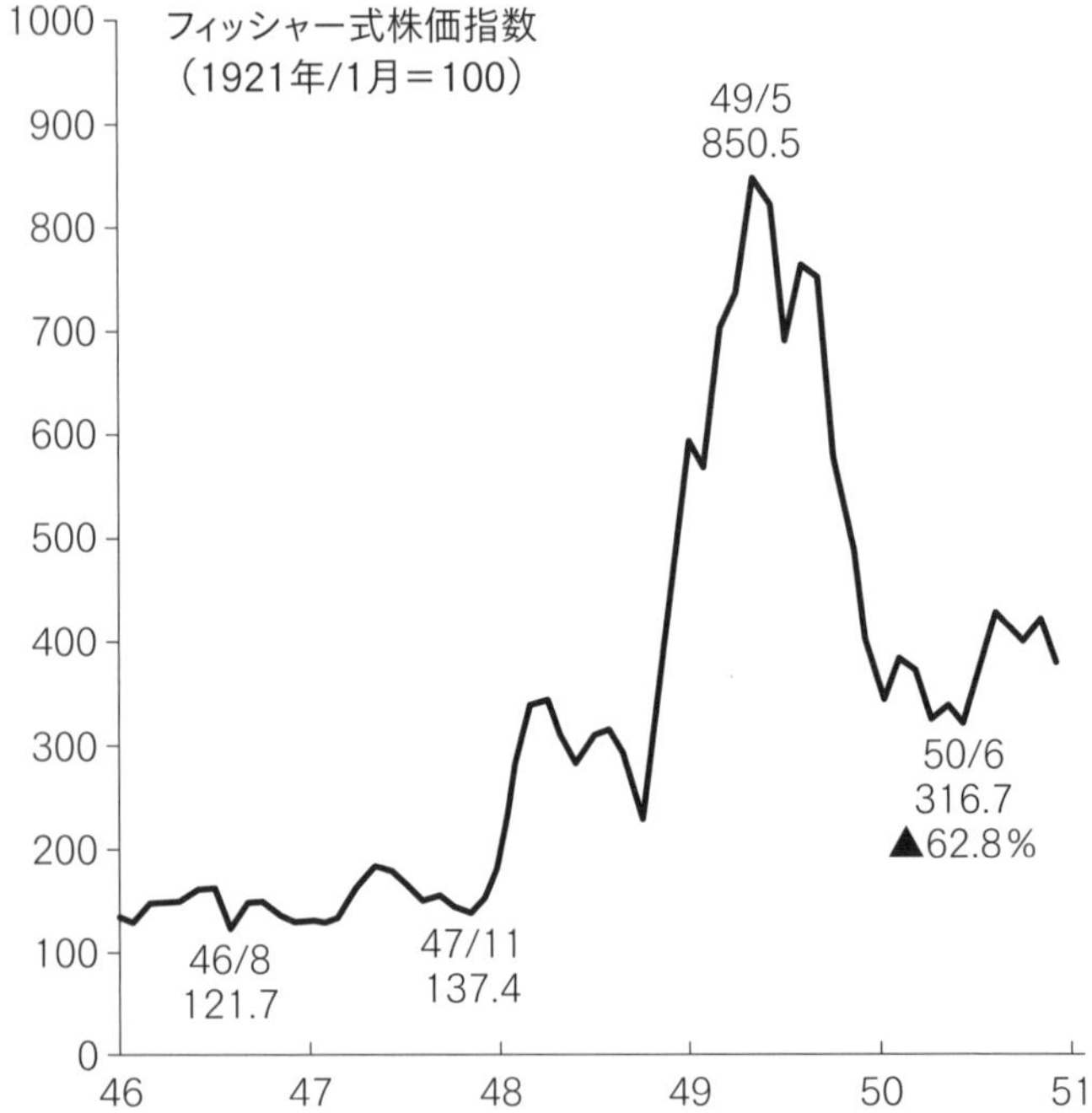

フィッシャー式株価指数
（1921年/1月＝100）
1000
900
800
700
600
500
400
300
200
100
0
49/5
850.5
50/6
316.7
▲62.8％
46/8
121.7
47/11
137.4
46
47
48
49
50
51

こうして封鎖預金で株式を買い入れ、それを売却して新円を入手するという、封鎖預金新円化の動きが活発になるにつれ、政府もこれを捨てておけなくなった。

そこで1946年（昭和21年）6月20日、「金融緊急措置令」施行規則を改正して、封鎖預金による株式買い入れは、「当該会社の認証した株式名義書き換え請求書のあるもの」に限って認めることとした。

同措置が発表されると、その認証手続きの複雑さにおいて甚だしく証券流通を阻害するという理由で、東西の業者はこぞって反対した。

再三にわたり陳情したが、当局はこれを認めず、同年7月10日より新円、封鎖2本立てで、取引を再開することになった。

当初、認証手続きの複雑さから、とかく円滑さを欠きがちであった封鎖取引も、認証手続きが一般に周知されるに伴い、比較的認証の容易な、地場会社の株式に人気が集まり、一方で買いやすい新円取引も漸次増加していった。

株式投資に無縁だった人たちも証券市場に押し寄せた。売買高の増加とともに、再開当初の手数料として20～25％をとっていたので、証券業者は大いに儲かった。

利用者にとっては、それだけの手数料を払っても死蔵に近い旧円を新円に換えることができたので納得できることだったと思われる。1946年7月29日、大蔵省の勧告によって新円取引一本となった。

これによって封鎖取引ブームは終止符を打った。このブームは通常の景気変動を反映したものではなく、通貨的・金融的要因によるもので、変態的ではあったが、封鎖預金の新たな活用手段として、これまで株式に無関心であった新しい投資家を誘致し、戦後における証券大衆化のきっかけをつくったといえよう。その意味で注目に値する。

GHQの指令による財閥解体

証券取引所再開に先立つ重要なこととしては、**財閥解体・ドッジライン・証券取引法の制定**という3つの出来事が特筆できる。

特に財閥については戦時中の軍を経済面から支えてきた存在として、GHQがその解体を指令してきた。GHQは、財閥を解体することによって日本の平和と民主化を進めることができると考えたのである。

当時の新円取引と封鎖取引の株価の利ザヤ

銘柄	封鎖	新円
近畿日本	129.0円	100.0円
京阪神	124.5	95.7
日本発送電	51.5	40.0
東洋紡	110.5	86.8
大建産業	87.1	65.8
松竹	115.5	85.8
日本麦酒	107.5	76.9
郵船	77.5	54.5
王子	61.0	—
日証	42.5	30.0

出典:『大阪屋證券の歩み』
大阪屋證券株式会社

財閥とは**三井・三菱・住友・安田**の四大財閥と新興の六財閥（**鮎川・浅野・古河・大倉・中島・野村**）の十大財閥である。

三井合名・三菱合資・住友合資などの本社は、同族的な、いわば持ち株会社である。その本社が、株式の過半数ないしほぼ全株を持つ直系会社を支配し、さらに直系会社が孫会社を持ち、しかも系列会社相互の持ち合いによって強固なグループが形成されていた。

本社・財閥家族・財閥直系・準直系会社の持ち株は、持株会社整理委員会（ＨＣＬＣ）に強制的に引き渡された。そして証券処理調整協議会（ＳＣＬＣ）が売りさばくことになった。

これと並行して、戦時金融金庫・朝鮮銀行・台湾銀行・満鉄などの国策会社も閉鎖され、所有していた株式も同様に売却されることになった。

売却された株式の合計金額は１８４億円、当時の総株式金額約４３７億円の42％にあたる。１９５０年３月までの調べによると、買い手は、従業員38・５％、入札して23・３％、売り出し27・７％となった。

83社の持ち株会社、56人の財閥家族の持っていた株式の７％が、約15万人の従業員・地域住民に分散された。

財閥解体前の45年度と株式放出が進んだ49年度の投資家別株式分布（持株比率）を比較すると、次のようになる（単位：％）。

	金融機関	事業法人	個人	政府・地方公共団体	証券業者
1945年度	11・17	24・65	53・07	8・29	2・82
1949年度	9・91	5・59	69・14	2・80	12・56

45年度の事業法人には財閥持株会社が、個人には財閥家族が含まれている。金融機関持ち株は放出の対象とされなかったことから変化は小さい。証券業者の持ち株は株式がなお移動過程にあったことを意味している。したがって、事業法人と個人に含まれている財閥関連の株式が大きく個人に移動したことになる。

財閥株の放出と並行して、GHQの指示のもとに証券界は証券知識の普及・啓発に重点を置いた**証券民主化運動**を推し進めた。講演会・見学会・投資相談会等を各地で開き、投資家との接触を深めていったのである。

かくして、取引所再開への体裁は一応整ったことになる。

ドッジラインと経済安定9原則

戦後の日本経済のもうひとつの課題は、大インフレをどう抑え込むかということだった。封鎖預金、新円切り替え、財産税などの手を打ってそれなりの効果は上げたが、十分とはいえない。

マッカーサー総司令官の財政・経済顧問として、1949年（昭和24年）2月にデトロイト銀行頭取のジョセフ・ドッジが来日した。

その前年の48年12月にワシントンからマッカーサーのもとに「経済安定9原則」が文書として司令に届いていた。

その内容は、①財政の均衡、②徴税の強化、③信用拡張の制限、④賃金の安定、⑤外国為替統制の強化、⑥物価統制の強化、⑦輸出の振興、⑧生産の増大、⑨食料供出の増進である。

そして、ドルと円の為替相場を1ドル＝360円で固定することを指示してきた。

ドッジはこの9原則を推進するために来日したのであり、49年度の超均衡予算が組まれ増税が行われた。国債発行は堅く禁じられ、金融政策も引き締めを続けた。

その結果、倒産が続出し、失業者も増大したのである。

証券取引法の制定

1947年（昭和22年）3月、取引所の再開に備えて、証券取引法（証取法）が公布された。これによって従来の日本証券取引所は廃止され、清算に入ることになった。

ところが、この法律はGHQの要請によって施行されることなく、翌48年の4月に、全文を改正して証券取引法として公布された。

この改正証取法は、旧法より投資家保護の精神を一段と強めており、その基本理念が戦後のわが国の証券行政の基礎となった。

この中には取引所を免許制度から登録制度に改めるとともに、仮装売買、なれ合い売買、相場操縦、過当投機などの取り締まりのための具体的な規定も設けられた。

ちなみに、証券取引所は53年に登録制度から免許制度に戻っている。証券業者についても、65年に免許制度に改められた。

取引所再開に先立つ49年4月20日、GHQから取引所再開の条件としていわゆる「**証券取引所三原則**」が提示された。

三原則とは次の通りである。

（1）取引所における取引は、すべてその行われた順位に従い、時間的に記録されること
（2）会員は上場銘柄の取引については、一定の例外を除き、すべて取引所においてこれを行うこと
（3）先物取引を行わないこと

この三原則を貫く理念は「投資家の保護と取引の公正」である。

教訓④　ただ国に従うだけでは資産はつくれない

太平洋戦争の始まる前の国債発行残高は100億円強であったが、1945年には1400億円に膨れ上がっていた。この国債は戦後、全額償還されたが、この間に物価は300倍以上に上昇していた。償還金は300分の1に目減りしたことになる。戦後、封鎖預金、新円切り換え、財産税と政府の政策に従うだけでは資産づくりどころではない。それは、姿は変わっても今も同じかもしれない。

ドッジ不況を救った朝鮮戦争

1949年（昭和24年）5月16日、東証・大証・名証の3市場同時に売買立ち合いを開始した。当初の上場会社、銘柄数は次のようになった。

	上場会社数	銘柄数
東証	485	681
大証	361	523
名証	163	268

再開後の高値は東証修正平均で見て、9月の176・89。翌年7月には85・25と高値から51・8％の急落という嵐の船出となった。ドッジラインによる不況の影響、財閥株放出にともなう株式需給の悪化などが原因といわれているが、取引所再開時の株価が封鎖取引ブームで高い水準にあったことも事実である。

ドッジ不況を救ったのは朝鮮戦争である。1950年6月25日未明に始まったこの戦争は、北朝鮮側に中国、韓国側にアメリカを主力とする国連軍がつく大規模な戦争に発展した。開戦とともに日本は国連軍の「兵站《へいたん》基地」となり、国連の前進補給基地と同時に国連空軍の攻撃発進基地ともなった。それだけではなく、日本は極東最大の軍需生産基地となって国連軍向け物資を生産・供給した。基地の整備や兵器の修理も行った。来日した国連軍将兵が日本で使う金も大きかった。

旧経済企画庁（現在は内閣府に統合されている）の発表によると、物資とサービスを合わせた3年間の特需契約高は11億3600万円になる。国連軍将兵の消費を含めた広義の特需は30億ドルという説もあるが、これを裏付けるだけのデータはない。

さらに朝鮮情勢の緊迫化は、アメリカ、ヨーロッパ諸国にも緊張感をもたらし、結果として日本の輸出も大きく伸びた。

通関統計による日本の輸出は、円建てで1949年1698億円（4億7000万ドル）、50年2980億円（8億2700万ドル）、51年4888億円（13億5700万ドル）、52年4582億円（12億7200ドル）、53年4589億円（12億7400万ドル）となり、特需のインパクトの大きさがわかる。

特需のおかげで生産は活発化し、ドッジ不況下で滞積していた過剰在庫1000億円は一掃され、企業業績も著しい回復を見せた。

朝鮮戦争終結前に大暴落

この間、東証修正平均株価は、ドッジ不況を反映して、1950年（昭和25年）7月7日に85円25銭まで売り込まれていたが、特需景気とともに53年2月4日には474円43銭まで上昇した。

31カ月で5・6倍である。なかでも鉄鋼・重電・造船などの軍需関連株や金融・不動産株は10倍前後の高騰である。

同年3月4日、ソ連・スターリン首相重体の特別発表があり、3月5日の東京市場は大暴落、東証ダウ平均は37・81円、10％安となった。ソ連が北朝鮮軍・中国軍に兵器や将兵訓練でバックアップしていたことから、スターリンの死去によって、朝鮮戦争終結が近いとの見方が強まったためである。

後を継いだマレンコフ・ソ連新首相は平和政策を強調、同年4月26日には朝鮮休戦本会議が再開され、7月27日に板門店で休戦協定の調印となった。

特需景気がはげた東京市場は、わずか2カ月後の4月に東証ダウ295円、2月の高値から37・8％安で一番底をつけた。

その後、54年11月に東証ダウ315円の二番底をつけた後、神武・岩戸景気を背景とした高度経済成長相場を迎えることになる。

5 高度経済成長下の証券界

世界に類なき高い成長率

1954年（昭和29年）、不況から脱却した日本経済は、翌55年から70年にかけて高度経済成長の時代を迎える。

この15年間の年平均名目経済成長率は世界に類を見ない高さ、15・1％だった。この時代、他の先進諸国も高度成長期にあり、名目値で6〜10％の成長をとげていた。

この間、**神武景気**（1955〜57年）、**岩戸景気**（58〜61年）、**いざなぎ景気**（65〜70年）の好況局面と**鍋底不況**（57〜58年）、**62年不況**、**65年不況**を交互に繰り返しながらも、大勢は高度成長の時代だったといえる。

証券界でも新しい時代を迎えるにあたって、戦前の仕組みからの脱皮、証券民主化時代に適合した体制づくりが検討された。株式投資家にとって重要な変化は、①信用取引の実施、

②企業資産の再評価、③投資信託の急成長である。

①　信用取引の実施

証券市場では実需給の取引だけでは出合いが付きがたい。需給が一方に偏ると価格の激変を招きやすい。このため仮需給を導入し、証券流通の円滑化、適正な価格形成を図ることが必要不可欠とされている。

戦前はその役割を**清算取引**（定期取引）が果たしてきた。清算取引では売り方は買い方に代金の支払いを猶予し、買い方は売り方に株式の手渡しを猶予するという相互信用の形をとり、期日までに反対売買して差金の授受のみを行うという方法である。

この清算取引では、外部の第三者から融資や貸株を受ける必要がないというのが特徴である。ただし、証拠金率に従って証拠金預託は必要である。

戦後も清算取引の復活を求める運動は活発であったが、GHQが提示した「**証券取引所三原則**」において先物取引の禁止の条項があり、証券取引委員会、大蔵省、日銀も反対に回ったため、復活運動は実現しなかった。

代わって実施されたのが**「ローン取引」**である。大阪証券取引所で1950年（昭和25年）2月から、東京証券取引所で5月から実施された。

ローン取引制度は、証券会社またはその顧客が委託した普通取引の決済を証券金融会社が代わって行い、その受け渡し、決済に必要な融資または貸株を実施するもの。証券会社または顧客は、一定率の担保金（30％）を証券金融会社へ差し入れるだけで株式の売買ができるという制度である。

しかしこの制度も、資金量の不足および手続きの煩雑さなどから大きな進展をみず、信用取引制度発足までの、過渡的な制度として終わった。

同年後半より、ローン取引の限界のため、清算取引の復活か**レギュラーウェイ（信用取引）**の採用かをめぐる、各方面の議論が盛んになったが、結局、翌51年6月1日、全国取引所が一斉に信用取引を開始することになった。

レギュラーウェイはもともとアメリカで育った制度である。アメリカではコール市場が発達し、貸株市場も形成されていたので、この制度が成り立っていた。

当時の日本はコール市場が極端に狭く、レートも高かったので、実質的には大部分を日銀から借り入れるという形でのスタートとなった。紆余曲折を経ながら、今日では市場に定着し、個人投資家取引の6割を占めるまでになっている。

現在、信用取引の情報は基本的に週1回開示されているが、2020年度からは全銘柄の情報を毎日開示する方針と伝えられている。信用取引の株価形成に占める役割が一層、重要になってくると思われる。

② 企業資産再評価の実施

1934〜36年を基準とする消費者物価指数は、49年に243倍になり、卸売物価指数も同年に269倍、2年後の51年には342倍となった。食料品や衣料品、産業機械に工業製品など、程度の差はあるが、200倍から400倍という大インフレになった。

その中で戦前の評価額そのままに据え置かれていたのが国債の額面であり、企業の貸借対照表における固定資産と資本金である。

戦時中、強制的に買わされた国債は51年までには全額償還されたが、前述したように、償還時の償還金の価値は購入時の300分の1でしかなかった。その一方、国のほうには同額の債務利益が発生したことになる。

貸借対照表上の固定資産評価額が戦前時のままであると、減価償却がほとんど行えないことになり、その分だけ利益が多くなる。法人税の支払いもその分だけ多くなる。数百倍に値上がりした機械・設備への買い替えができないことを意味する。

一方、資本金が戦前のまま表示されていると、株主にとっての利害はどうなるか。当時の日本では1株利益とか配当性向という考え方はなく、50円の額面に対し5円か6円の配当をしていれば、株主に対する経営責任を果たせていると考えられていた。頑張った企業で1株10円の配当が精一杯というところであった。

かくして1949年（昭和24年）5月16日の取引所再開は、戦前基準の固定資産、資本金を記載した貸借対照表を基に行われたのである。

税制改正のため来日したシャウプ使節団は、減価償却費が過少になっており、架空の利益が計上されていると指摘した。これを機に企業資産の再評価論議が活発化し、翌50年には第1次再評価、2年後の51年に第2次再評価、53年に第3次再評価と続いたが、実施状況は芳しくなかった。

54年の一定規模以上の会社について減価償却資産の再評価を強制する第4次再評価によって、ようやく徹底されることとなった。当初6％であった再評価税は2％に引き下げられた。ただし、土地の再評価は対象外とされ、低い簿価のまま据え置かれることとなった。これが企業の含み資産となり、後のバブル相場のときの含み資産買いの背景のひとつとなった。

再評価の結果としての再評価積立金について、その資本組み入れおよび減価償却の励行により、企業資本等の充実等を図るための措置として配当制限をからませることもあった。

再評価積立金の資本組入れは無償交付、有償・無償の並行増資や抱き合わせ増資、小刻み無償交付などの形で行われた。並行増資は有償3割無償2割といった具合で50円額面だと1株15円の払い込みで1000株が1500株になる。持株数が増えても配当は据え置かれるので、株主にとっては実値的に大幅増配と同じ結果になる。

この時代、多くの企業は資金需要が旺盛で有償増資も頻繁に行われた。有償といっても時価より安い額面での払い込みなので、株主にとって好材料であることにはかわりない。

特に資金需要の多かった日本製鉄（1970年に八幡製鐵と富士製鐵が合併、2012年に住友金属と経営統合）はこの時代に、有償・無償を織り交ぜた増資を繰り返し、株数が増えすぎたために時価発行増資ができなくなったケースである。

有償にしろ、無償にしろ、この時代の投資家にとって増資は好材料であった。戦前のバランスシートをもとに再開した株式市場が戦後に大インフレを折り込んでいくきっかけをつくったともいえる。

なお、73年3月末に存在する再評価積立金は、資本準備金として積み立て、またはそれに組み入れたものとみなされることとされた。したがって、現在はこの積立金は存在しない。

③ 投資信託の急成長

投資信託は戦前にもあった。1941年（昭和16年）11月28日、野村證券、野村信託により1200万円の設定で始まったのが、日本最初の投資信託である。戦時中の株価を安定させ、軍需会社の資金調達に資することを目的とした。

この投信は取引所の再開後、ほぼ額面に近い金額で50年2月に償還された。戦時国債と同様、償還された金額の実質価値は何百分の一であったが。

戦後、財閥解体、財産税の物納など大量の株式放出を控えて、その受け皿としての投資信託復活を期待する声が政府・証券界ともに強くなっていた。

そして51年、信用取引制度の実施とともに投資信託が発足した。同年6月6日、野村・日興・山一・大和の4社が兼業の形で証券投資信託委託会社として登録、同7月には大阪商事・大阪屋證券が、9月からは大井証券が募集を開始した。

その後も58年9月に日本勧業・玉塚・岡三、同10月に角丸・山崎、11月に江口・山叶が登録を済ませた。

最初の投資信託は単位型（ユニット型）で毎月設定された。信託期間は2年でスタートしたが、54年1月から3年、56年3月末から5年に改められた。

最大の特色は、受益証券が無記名形式だったことである。これより脱税して貯めたお金やアングラマネーもかなり投資信託に流れ込んだと推測される。

当初の募集は予想以外に好調なスタートとなったが、運用成績が良かったことと、無記名形式のおかげだったのではないかと推察される。

6　高度経済成長期［前半］の株式市場

船舶輸出が世界一に

明治の株式取引所設立から、ブルマーケット（上昇相場）には必ずといっていいほど戦争が絡んでいた。日清戦争、日露戦争、第1次世界大戦、朝鮮戦争がそれである。高度経済成長期の株式市場は、戦後はじめて経済成長を背景にしたブルマーケットとなった。

途中に鍋底不況をはさんで神武景気・岩戸景気が日本の経済を大きく変えた。

この頃はアメリカ・イギリス・西ドイツなど先進諸国も高度経済成長の時代にあったが、日本の成長率はそれら先進諸国を上回っていた。

理由はいくつかあるが、特筆されるのは民間設備投資である。

戦時中の技術革新の空白を埋めるべく、老朽設備の更新と合わせて、新産業定着の過程における技術革新が膨大な設備投資を誘発した。鉄鋼業や造船業は新技術の導入により急速に国際競争力を強め、特に造船業は１９５６年（昭和31年）から船舶輸出で世界一の座を占めた。

合成繊維では、ナイロン、ビニロン、ポリエステル、ポリアクリルなどがこの時代に導入された。ユリア、塩化ビニール、メテミンなどの合成樹脂にも進出、石油化学業界もポリエチレン製造に乗り出した。

合成ゴム、合成皮革、合成洗剤なども天然素材に替わっていった。これらはすべて新規の設備投資を必要とするものであった。

個人消費が急速に活発化

個人消費の拡大も高度成長を牽引した原動力のひとつである。高度成長期前半期の「**三種の神器**」（テレビ・電気洗濯機・電気冷蔵庫）、後半期の「**3C**」（カー、クーラー、カラーテレビ）はその象徴といえる存在であった。

家電産業では高度成長期における花形商品の大半を開発するとともに、消費革命の主役として急速な成長をとげた。

立ち遅れていた自動車業界も、1955年(昭和30年)の純国産乗用車トヨペット・クラウンを第1号として、1960年代の後半には輸出産業として急速に国際競争力をつけていった。

この間、株式市場はどうであったか。

54年3月のダウ平均314円08銭に対して、61年7月の高値の1829円74銭まで5・8倍の急騰であった。

私は1960年4月に会社に入ったが、社内の先輩たちは強気一色だった。

会社の隣に大和証券大阪支店があって、同社の論客として知られた千野専務の講演会があったので聞きに行った。1時間余りの講演の最後に「私は強気しか喋ったことがない」と発言された。

私は「いつも強気なら、千野さんの意見を今後、聞く必要はない」と考えた。ただ会場内は満員の盛況だった。

3年目になった私は、大阪の三越劇場や京都の祇園会館の投資講演会に参加した。エコノミストの先生や調査部長が、経済見通しや株式市場の見通しを話した後、推奨銘柄や投資相談を受けるのが私の役割であった。この頃はどの会場も個人投資家で満員になり、活発な質問にたじたじになるほどだった。

家計調査による平均消費性向のデータがある。1946年は125・9%、翌47年は115・3%でまさに売り食いの状態だった。

エンゲル係数も66・4%、63%で食費以外に使うお金はほとんどなかった。店頭取引、集団取引で株を売りに来るのは戦前から株を持っていた人、買いに来るのは闇市で金儲けした人という図式が頭に浮かぶ。

その後も52年までは平均消費90%台後半にあったが、徐々に食費以外の消費にも回せるようになり、貯蓄や株式投資、投資信託に向ける資金的余裕も出てきたのだと思う。三種の神器の普及もこのタイミングだからこそ実現したのだろう。

58年12月2日、神戸三宮に「主婦の店ダイエー」が開店。大型スーパーマーケット時代の幕開けを迎えた。

「流通革命」という言葉が流行し、有力小売業の経営者たちが視察団を組んでアメリカの大型チェーンストアを見学していた。見るだけではなく現地の経営者たちの話を聞いて大いに刺激を受けて帰ってきたものだ。

そして、61年11月、池田勇人首相が「**国民所得倍増計画**」の構想を発表した。70年までの10年間で、国民所得を2倍以上にするとの趣旨である。年々の成長率にして7・2％である。

社会人になっていた私は、この新聞報道を読んで「そうなればいいな」といった程度にしか考えていなかった。ところが、実際にそうなったのである。

国勢調査における勤め先収入（世帯員が勤め先から得た収入の合計）は、60年の3万8185円に対して68年は8万1968円と、8年で倍増したのである。名目値ではあるが、計画の10年を待たずしての達成だった。

株式相場が7年間で5・8倍の値上がりを示したことは先に述べた。この原動力は何だったのか。次ページに示した投資家別株式分布（持株比率）を見ると、そのヒントがある。

日本の投資家別株式分布（持株比率）の推移

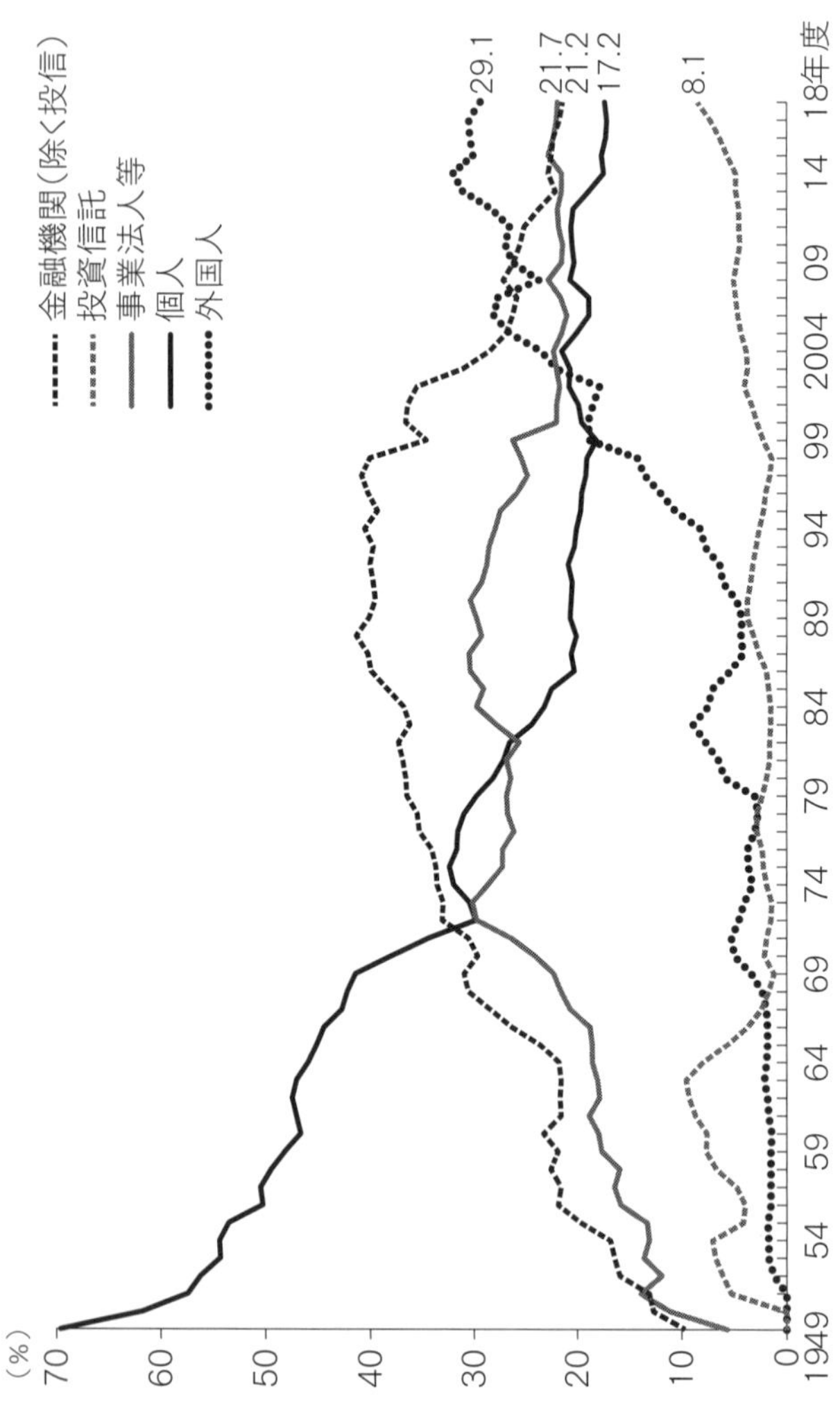

出典：全国証券取引所協議会「株式分布状況調査」より 大和証券作成

金融機関の投資信託

財閥解体で放出された株式は「証券民主化」の名のもとにまずは個人の手元に移された。個人は値上がりとともに利食いを進め、その株式は金融機関と事業法人が買いとった。彼らは短期売買というより、安定株主となった。それでも個人は高度成長期に40％台の株式を所有し、株価への関心は深かった。

個人投資家による、「どちらかといえば短期売買」が市場を活性化させていた。入社1、2年目という駆け出しにもかかわらず、私が調査部に所属していることで、多くの方々に意見を聞かれた。

「マーケットは上がるか・下がるか」という質問ではない。ブルマーケットが続くという前提で「良い銘柄はないか」という質問である。なかでも営業マンは、顧客の投資家に儲けてもらいたいと良い情報を欲しがっていたので、そのニーズに応えるべく、企業調査に力を入れた。

一方、投資信託は1951年（昭和26年）の募集開始で予想以上のスタートを切った。この年は時価総額に対して、いきなり5・2％の資金が集まった。

54年には7％までいったのは、市況の好調と無記名のおかげだった。しかし、**スターリン暴落**に始まる市況低迷で、基準価額の額面割れ、償還延長を見て一転、苦境に陥った。

償還期限がわずか2年というのも無理があった。56年には3・9％まで落ち込んだ。額面割れのファンドは1年間の償還延期、一部のファンドはさらに1年の再延長と苦しんだが、55年後半に入ると経済の高度成長期に入り、株式市況の回復を見て投資の募集も回復基調に入った。時価総額に占める投信の比率が3・9％まで落ち込んだ56年を底に63年の9・5％まで急回復したのである。

株式投信の残存元本は、55年末の595億円からピークの63年末には1兆1703億円に急膨張した。9・5％という投信比率はその後、一度も達成されていない。

私が入社した60年頃を振り返ると、中小型の株式中心に運用していた準大手証券の中に、基準価額5000円に対して2万円前後になったファンドが珍しくなかった。

独身寮に入っていた私にも近所の八百屋さん、酒屋さんなどから「投信を買いたいので手続きしてほしい」と頼まれることもあった。

委託業務が分離される前だったので、運用部は同じビルの中にあった。運用課長とは親しくなっていたので、私が会社訪問して「この会社はいける」と思った銘柄は運用課長に伝えた。課長は即座に市場から買ったことも結構あった。

「銀行よ、さようなら。証券よ、こんにちは」という名文句が生まれたのもこの頃である。某大手証券会社の若手社員から出た言葉らしいが、これはまたたく間に兜町や北浜に伝わっていった。

証券民主化の動き

戦後、財閥解体で放出された株式を国民に分散させることは、講和会議を開くための前提条件として位置づけられた。そのため証券界を中心に「証券民主化」運動が展開され、GHQもこれに応援する形となった。

政府・日銀にも働きかけ、証券知識の普及・啓発に努めた。NHKラジオで株式投資を薦める放送を流したのも効果があった。

取引所再開時には株主数118万人、個人の持株数は13億7000万株で全体の69％を個人株数が占めることになった。1955年頃には個人の持株比率は45％に下がったが、投資信託を通して投資が10％近くになり、両者合わせて50％強の株式を個人が所有している。しかも株式投資の知識・経験を重ねるにつれ、売買の頻度も高くなっていった。

戦前、相場師が株式市場を支配していたのに比べ、様変わりとなった。この時代も相場師はいなくなったわけではないが、投信に比べても資金量は小さく、市場での存在感は無視できるほどのものであった。

まさに個人投資家を中心とした証券民主化が花開いた時期であった。ちなみに、60年の東証上場株式時価総額は5兆円強、同年の国内総生産は16兆円だった。

教訓⑤　山高ければ谷深し

大相場になるほど、身近の人からも株や投資信託で儲かったという声が聞こえてくる。つい自分もやってみようと思いたくなるが、それは大暴落近しとのサインである。逆に、誰もが株はもういやだというときこそ買いのチャンスである。

岩戸相場は株式投信がリード役

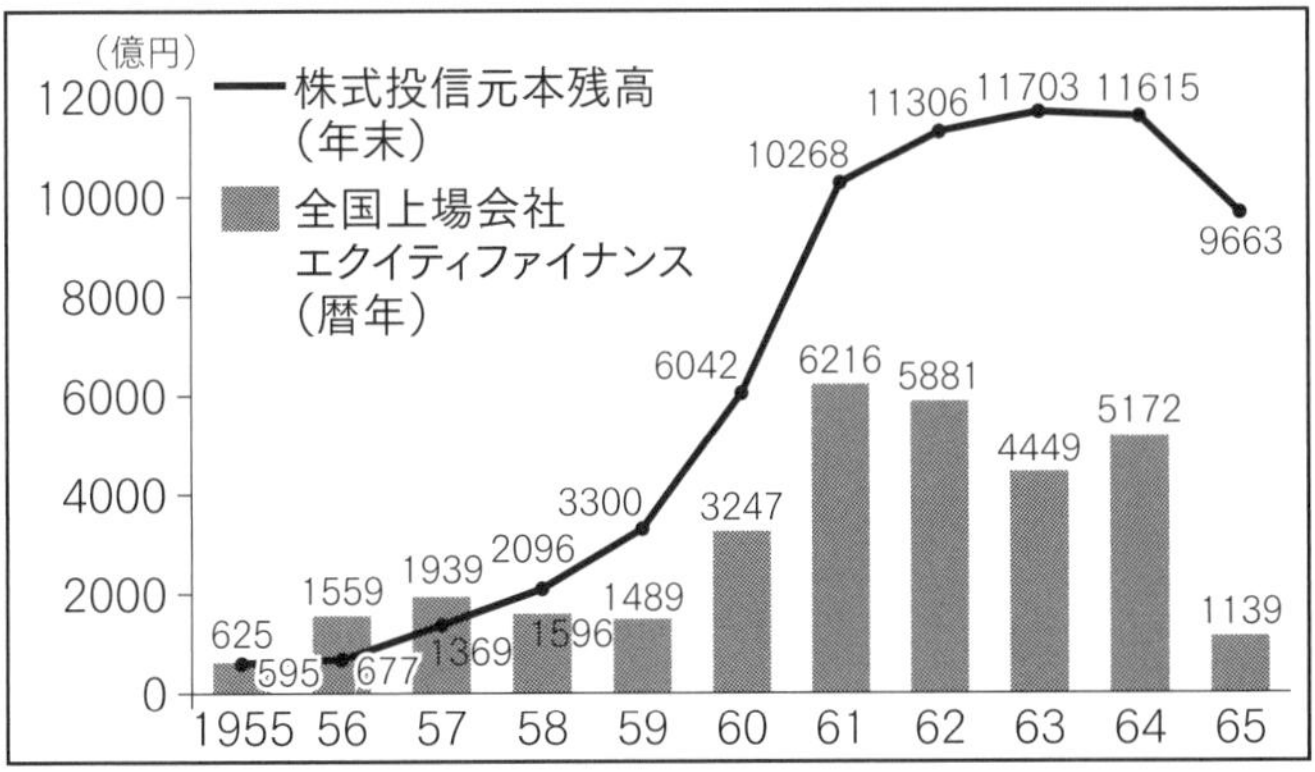

岩戸景気下の強気相場

岩戸景気を背景にした強気相場は1961年（昭和36年）7月の1829円で大天井をつけ、同年12月には1258円で、一応の下げ止まりとなった。下げのきっかけは、国際収支の赤字、外貨準備高が15億ドル弱まで減少したことにより、金融引き締めに転じたためである。

当時は成長率が加速し、設備投資が活発になると原材料や設備の輸入が増える。一方でそれに見合う輸出産業が育っていないため外貨準備が不足してくる。そうなると、必然的に成長にブレーキをかけざるを得ない。朝鮮動乱のときも、神武景気のときもそうだった。

今回は61年10月2日、第二部市場が開設されていた。その二部銘柄を中心とした中小型株に人気が移っていったので、私たちアナリストには引き続き仕事の場があった。

影響大だった「坂野通達」

株式市場に大きな影響を与えたのは、1963年（昭和38年）7月5日の「**財務管理等に関する通達**」いわゆる「坂野通達」）であった。

証券取引法はGHQの指導により48年につくられた。この証取法では形式的な要件を満たせば自由に開業できるという登録制を採用していた。そこで「証取法を改正して免許制の採用に」という方向で論議が進められた。

「顧客保護、社会的信用の確立のために証券業全体の整備が必要だ」という考えに基づいたものである。

ネックになったのが「運用預かり」の問題である。

運用預かりとは、顧客が買った割引金融債や公社債に若干の預かり料をつけて、債券を販売した証券会社に預けてもらうことをいう。顧客にとっては規定の利息に預かり料をもらえるのだから悪い話ではなかった。

預けてもらった証券会社はこの債券を担保にしてコール資金や銀行融資を受ける。証券会社はそのお金で株を買う。この時代の証券会社は、顧客からもらう委託手数料だけではなく、自らの勘定による売買差益も重要な収入源であった。

それゆえに銘柄選択の売買のタイミングを決める株式部長は重要なポストであった。

この制度は昭和30年代に大蔵省によって認められていた。1957年9月末の預かり残374億円に対して、同40年4月末には2932億円と急増していた。

株価が上っている間は問題ないのだが、下げ相場が続くと取り付け騒ぎの温床にもなりかねない。預かった債券はコール市場に流れたり、銀行融資の担保となったりで、証券会社の手元にはないという事情があるからだ。

「坂野通達」は「運用預りは純資産の3倍を限度とし、できることなら2倍程度に……」というもので、これをオーバーしている証券会社は株を売らなければならない。少なくとも買い増すことはできないと受け取られた。

ケネディショックが市場を襲う

悪い時には悪いことが重なるものである。「坂野通達」から2週間後の7月19日に「ケネディショック」が襲ってきた。

東証ダウ平均は2日で120円あまり、約8%の値下がりとなった。ケネディ大統領が国際収支特別教書を発表し、ドル防衛を目的とする「**金利平衡税の新設**」を議会に提案したのである。

金利平衡税とは、米国内の居住者が外国の証券を買う場合、それに税金をかけるというものである。この時代の日本は資金不足が続いており、その上、頼りのアメリカから資金が入ってこなくなるとあっては株価が下がるのも無理はない。

日本の株式市場は外からのショックに弱い。スターリン暴落、ケネディショック、ニクソンショック、オイルショック、リーマンショック、等々。

それはともかくとして坂野通達、ケネディショックによる打撃は一過性にとどまらなかった。神武・岩戸景気相場をリードした投資信託の解約が始まったからだ。

ショックで株価が下がる、基準価格が下がる、組み入れ銘柄が売られる……という悪循環が始まったのだ。おまけに岩戸景気の後の金融引き締めで落ち込んでいた景気が、やや回復に向かっていたのに、再び落ち込み始めていた。

1963年（昭和38年）7月の戻り高値を時価総額で見ると、一部市場が8兆1470億円、二部市場が1兆0112億円となっている。

これが2年後の65年7月になると、一部市場が6兆6013億円、二部市場が4880億円となった。

それぞれの下降率は一部市場が19％、二部市場が51％である。

61年から最初の下げで一部が下げたのに対し、同年10月に開設した二部は63年3月まで1年4カ月で52％の増加となっていた。

大型中心か、中小型中心の運用かによって基準価額に差は出たが、どちらにしてもすべての投信が元本割れ、ファンドによっては額面金額5000円に対し、基準価額3000円前後という投信も続出した。そのため信託期間5年をさらに1年延長というケースもあった。

63年に投信の残高が時価総額の9・5％というピークを記録した後は解約続出で、64年7・9％、65年5・6％と低下していった。

65年に市場が底入れし、信託期間を延長して、基準価額が額面をようやく回復。償還を完了した後、償還金で新しいファンドを買ってくれる投資家はほとんどいなかった。

その結果、69年の投資残高は時価総額の1・2％まで落ち込んだ。

それは**戦後の証券民主化の終わりを告げる事件**でもあった。その後、個人が株式投資や投資信託を通じて株式市場をリードする時代は来ていない。

下げ止まらない市場の改善策

坂野通達、ケネディショックの後も株式市場は下げ止まらない状況だった。その株式市場の需要改善を目的に「**日本共同証券**」が設立された。株主は都銀、長期信用銀行、四大証券などである。

日本共同証券の構想が発表された1964年（昭和39年）1月、ダウ平均で1200円近くまで落ち込んでいた東京市場は1338円まで戻したが、1カ月も経たないうちに元の水準まで落ち込んでしまった。

その後は1200円を割れそうになると売り玉の少ないダウ採用銘柄を買って「1200円防衛」を続けた。64年3月から65年1月まで、合計1906億円の買い支えをしたといわれる。

日本共同証券の買い支えが終わった直後に、ダウ平均は1200円を割り込んだ。

この後、65年に入って、証券界が**日本証券保有組合**を設立した。資金源は日銀で日証金を通すという形をとった。同組合は65年1月より7月にかけて投信から1827億円、証券業者から501億円、計2328億円の株式を買い取った。

日本共同証券が主にダウ平均採用銘柄を買い取ったのに対して、日本証券保有組合は市場にはほとんど買いものがなく、売るに売れない銘柄を買い取ったと聞いている。

その頃の景気はどうだったのか。

64年は東京オリンピックの開催や新幹線設備など公共事業を中心とする建設ラッシュもあって実質成長率11・2％と好調だったが、建設ラッシュのおよそ1年後、64年末から65年にかけては急速に冷え込み、65年の実質成長率は5・7％になった。

企業倒産も急増

企業倒産も1963年は1738件、負債総額1695億円だったが、65年には6141件、5624億円に急増した。主な企業としては64年に東京発動機、日本特殊鋼、サンウェーブ、65年には山陽特殊製鋼の倒産が挙げられる。

山一證券の財務内容悪化については、かなり前から大蔵省・マスコミだけでなく、銀行・証券界でも知られていたが、「再建計画が固まるまでは報道を自粛してほしい」との要請が在京新聞7社に伝えられていた。

ところが、要請外の西日本新聞が65年5月21日付朝刊で山一問題を取り上げた。やむなく在京7社もこの問題を伝えるに至った。

その翌日、22日から投資信託・累積投資・運用預かりの解約を求める客が増えていった。いわゆる「**取り付け**」である。結局、山一證券は6月から7月にかけて、計282億円の日銀特別融資を受けることになった。

続いて大井証券（当時）も53億円の特融を受けた。その後、新山一證券、新大井証券が営業資産を譲り受け、証券会社の免許を得た。そして、新会社が上げた収益を旧会社に渡し、それを特融の返済に充てることにした。

この間、証券従業員は1957年の3万3000人弱から63年末の10万人強まで増え、68年末には6万人弱に減少した。

私の同期入社の同僚たちも半分弱に減ってしまった。大半は64・65年の非自発的退職だった。幸い、大和ハウス、積水ハウス、スーパー・ダイエーなどが成長初期にあって、大量の人材募集をしていた時期だったので、多くはそういった成長産業に採用された。

証券恐慌の犠牲者は、第一に投信であったことは間違いないが、第二は若き証券マンたちだった。

7 高度経済成長期［後半］の株式市場

57カ月続いた「いざなぎ景気」

1961年（昭和36年）の岩戸景気終焉から証券恐慌まで、4年間の下げ相場は65年7月12日のダウ平均1020円49銭で終止符を打った。

すでに株式市場は陰の極に達しており、私の記憶では市場に200円以上の銘柄はなくなっていた。個別銘柄では信用取引の買い残より売り残のほうが多い「逆日歩銘柄」が相当数になっていた。

そうした状況のなかで、同年7月27日の政府・自民党の「経済政策会議」において、大蔵省提出の資料に、「公債発行を準備する」ということが明記されていた。これをきっかけに市場は急反発に転じた。

最初は売り残の多い売り込み株の反発から始まり、次第に全面高へと展開していった。わずか10カ月弱でダウ平均は55％高となり、売り方は総敗北となった。その後、一息入れた後に再上昇し、１９７０年４月８日の２５３４円45銭まで上昇。岩戸景気の高値を一気に更新した。

この間、景気は65年11月から70年７月までの57カ月続いた。この高度経済成長時代の好景気が「**いざなぎ景気**」である。

このときは、66年から70年まで５年連続の２桁成長を記録した。その後、２桁成長は一度も達成されていない。

高度成長が続く間も設備投資意欲は旺盛で、日本企業の国際競争力は高まり、輸出が伸び始めた。結果として国際収支は黒字基調となり、これまでのような景気拡大の制約要因ではなくなってきた。

国内消費では「**3Cの時代**」になってきた。前述の「カー、クーラー、カラーテレビ」である。自動車ではトヨタのカローラ、日産のサニーなど小型で安価な車が普及段階に入ってきた。プレハブ住宅もようやく認知されるようになった。

このとき株を買っていたのは誰か。次に示す通りである。

部門別売買状況　1967〜70年（単位：億円）

西暦	1967年	1968年	1969年	1970年
外国人投資家	▲22	671	2134	314
投資信託	▲1643	▲1643	▲843	399
金融機関	2861	2582	1820	761
事業法人	948	▲2728	76	▲739

投資信託はまだ解約・償還が続いている。金融機関は取引所再開以来、コンスタントに買い続け、70年の持株比率は29・4％と存在感を高めている。

事業法人のなかには共同証券、投資法人が含まれており、彼らが安値で買った株を放出していると思われる。

注目されるのは外国人投資家の動向である。日本企業の成長性と国際競争力に着目しての投資と思われるが、銘柄選択の基準がそれまでの日本の投資家のそれとはまったく違った。

それまでの日本は基本的に配当利回り重視であったが、彼らはＰＥＲ（株価収益率）という概念を持ち込んできた。

彼らは、１株当たりの配当が低くても、１株当たりの利益が良ければ株価はそれなりの評価をしてよいと考える。今では当たり前の考え方である。

ＰＥＲを基準とすれば、割安な優良株が日本には多くある。その中の少数の銘柄に絞って集中的に買ってきたため、大幅に値上がりしたのである。

ところで、１９６７年から73年にかけては、第１次から第５次の資本取引自由化が進められていった。これに対応した外資対策の一環として、株式の法人化現象（持ち合いが中心）が進行した。

たとえば、全国上場会社の法人持ち株比率が、64年３月末の39・３％から74年３月末には61・３％へと急増している。

これには、証券会社が外資の買収に対する防衛対策として持ち合いを煽った面もある。

80年代後半には金融法人・事業法人が増資、転換社債・ワラント債の発行などを行い、その新株や債券を相互に持ち合った。このことによって調達した資金は特金やファントラの運用に使われた。

外国人投資家が持ち込んだ時価発行増資

1968年（昭和43年）から69年にかけての外国人投資ブームは、わが国に国際的な慣行を持ち込んできた。投資尺度としてのPERもそうだが、時価発行増資もそのひとつである。

時価発行増資は1960年代から小規模に行われていたが、株主の権利・利益を害するとの意見も強く、本格的に実施されたものはなかった。

わが国の本格的時価発行の第1号は、68年10月に決定された日本楽器である。その内容は同年10月末現在の株主に対し、1対0・2の無償交付をした後、69年1月末払い込みで600万株を時価で公募するというもの。公募といっても10月末現在の株主に1対0・1の割合で優先募入するという仕組みになっている。

権利付き最終月の終値450円に対して公募価格は350円に決まった。どちらかといえば中間時価発行といえるものだった。

その後も紆余曲折を経ながら、今日のように時価発行増資が当たり前の時代となっていったのである。

もう一つ、**転換社債**についても**額面から時価への変化**が起こった。戦後、19銘柄の転換社債はすべて額面を基準に転換するという条件が付いていた。1966年7月、日本通運が第1号の時価転換社債を発行したが、必ずしも好評ではなく、第2号の日立金属まで3年を要した。69年8月のことである。

68年の日本楽器が行った時価発行増資の成功が、時価転換社債受け入れの道筋をつくったともいえる。

日立金属の後は味の素、古河電工などが相次いで発行した。一時は「転換社債ブーム」といわれるほど多くの企業が発行したのである。70年には上場取引も開始され、流通市場の整備も進んだ。

「いざなぎ景気」の終わり

1969年（昭和44年）8月30日、日銀は公定歩合を従来の日歩から年利建てに変更した。そして同年9月1日、0・41％引き上げて年利6・25％にした。それでも株価の騰勢は弱まらず、翌70年4月6日の東証ダウ2534円45銭まで上げ続けた。

神武・岩戸景気を上回って57カ月の拡張を続けた「いざなぎ景気」は、ようやくピークを告げた。

「いざなぎ景気」を背景にした株高は、4月6日の東証ダウ2543円45銭をピークに軟調に転じていた。

金融機関と並んで買い方の主力に位置した外国人投資家の売りが、この頃から目立つようになっていたのだ。

そして70年4月28日、ニューヨーク・ダウが新安値に急落。休日明けの東証ダウは国際投信IOS（アメリカの金融複合会社）の行き詰まりと海外株式の急落を嫌気して、201円11銭（8・64％）の大暴落となった。「**IOSショック**」として今に伝えられている。

その後、公定歩合の引き下げなどの景気対策もあって、翌71年の8月14日に、東証ダウは2740円98銭といざなぎ景気の高値を更新した。

ところが翌日の8月15日、ニクソン大統領が新経済対策を発表した。すると、東証ダウは16日から4日間で550円、率にして20％もの急落となった。いわゆる**ニクソンショック**である。

新経済対策の要点は、

①アメリカはすべての輸入品に対して10%の課徴金を課する

②1オンス35ドルの割合でドルと金を交換していたが、これを一時休止する

というものである。

1963年にケネディ大統領が課した金利平衡税は、米国資本の対外流出を抑えようとしたものである。

これに対してニクソン大統領は、貿易収支の改善を目的としていた。ケネディ大統領の頃と比べて、米国企業の競争力が低下し、貿易収支・総合収支とも赤字に転落していたためである。「アメリカの赤字は日本の黒字」ということで、日本は貿易収支・経常収支とも黒字基調が定着しつつあった。

その後も世界通貨の動揺は収まらず、10カ国蔵相会議で意見調整した上で、ワシントンの

スミソニアン博物館において多国間通貨調整の正式合意が成立した。この結果、円は従来の1ドル360円が308円に決まった。

マルク、スイス・フラン、オランダ・ギルダー、ベルギー・フラン、英ポンド、フランス・フランは、それぞれの率で切り上げられた。71年12月18日の「**スミソニアン合意**」である。

さらに73年2月14日には変動相場制に移行した。

ニクソンショックで20％の急落を見た東京市場は、早くも8月28に底入れし、スミソニアン合意のときには次の上昇局面の助走段階にあった。

教訓⑥　一見、悪材料に見えても実質は違う

1963年のケネディショックは65年の証券恐慌相場の先駆けとなった。70年4月30日、国際投信IOSの行き詰まりをきっかけとしたIOSショック、71年8月15日のニクソンショック、金・ドルの交換停止、10％の輸入課徴金を内容とするものだが、この2つのショックは悪材料出尽くしとなり、次の上昇相場へのきっかけとなった。同じ悪材料に見えても、景気動向や株式市場の局面によって株式市場ではまったく反対の反応をする。

過剰流動性景気

円高による経済界の混乱を懸念した日銀は思い切った金融緩和に踏み切り、1972年度（昭和47年度）の財政支出は大幅に拡大された。

公定歩合は、70年の6％から72年の4・25％に低下、日銀券平均発行高は70年の4兆円から73年には7兆円に増加した。

国債発行残高も70年の3兆6000億円が73年には8兆3000億円と2・3倍、公共事業費は70年度の1兆4100億円から、71年度1兆8800億円、72年度2兆6400億円と急増した。

71年7月から74年12月まで総理大臣を務めた**田中角栄**の任期がこの時期に重なったことも重要である。田中角栄は、「今太閤」とか「コンピューター付きブルドーザー」の異名を持ち、行動力にあふれた大物であった。

しかし、「日本列島改造論」を政策の柱に据え、結果として地価の暴騰や狂乱物価と呼ばれるインフレを招いた主犯扱いにもされた人物であった。

株価はというと、ニクソンショック後の安値2162円82銭から73年1月24日の5359円74銭まで、17カ月で2・5倍近い急騰となった。

この間の部門別売買状況は次のようになった。

部門別売買状況　1970〜73年（単位：億円）

西暦	1970年	1971年	1972年	1973年
外国人投資家	314	1477	877	▲1903
投資信託	399	▲34	25	▲664
金融機関	761	3978	4427	2271
事業法人	▲739	1072	5806	4286

71年から73年にかけて、金融機関と事業法人の持ち株が急速に増えている。その背景としては、株主安定化工作の進展と、過剰流動性のもとでの純投資の増加が考えられる。

まずは安定化工作の説明に先立って、陽和不動産の買い占め事件について説明する。

戦前、東京株式取引所の市場守衛をしていた藤綱久二郎は、銀座の洋装店「いさみ屋」の川瀬留吉らの資金的な援助を得て、日本皮革株の買い占めに乗り出した。

日本皮革は資本金2000万円、対資本利益率915%、株主数1000人強の小規模ながら優良株だった。1951年6月頃、400～500円だった同社株4万株を買い集め、高値1750円まで上がった時点で、会社側に1500円で買い取らせ、2500万円の利益を得た。

戦後、三菱合資地所部は三菱地所、陽和不動産、関東不動産の3社に分割された。陽和不動産は資本金3600万円、含み資産500億円、発行済み株式数72万株のうち最終的に藤綱が25万株を買い占めた。

買い始めたときの株価は300円台だったが、人気が集まって1600円まで上がった。結局、藤綱は全株を三菱に買い取らせ2億円の儲けを挙げたと伝えられている。

1970年代の上場企業経営者には、この事件の概要が頭に残っていた。戦後、旧財閥企業の再結集や大企業の系列化で持ち合いは進んでいたが、十分といえる水準ではなかった。そこへOECDとの約束による資本取引自由化が加わった。

1967年の第1次から始まって、71年の第4次資本取引自由化で個別審査対象7業種を除くすべての自由化、73年の例外5業種を除いて、第5次の100％自由化へと進展していった。海外巨大企業による買収が現実のものとなってきたのである。

当初は、日本共同証券・日本証券保有組合の凍結株放出の受け皿となって持ち合いを進めた。その後、市場から相互に買って持ち合うというケースが増えていった。企業同士の合意を行うか、証券会社の仲介で実施するか、いろいろなケースがあった。

たとえば、第1部でも触れたように、日商岩井と長谷工が相互に市場で買い上がりながら、それぞれの高株価を目指し、株価が上がったところで時価発行増資という事案があった。同じようなケースは、80年代後半のバブル時代に頻繁に行われている。

広義の持ち合い比率は70年の38・5％から72年の43・9％まで、わずか2年間で5・4％上がっている。

「列島改造論」で地価急騰

次に、過剰流動性のもとでの株式投資について触れておきたい。

ニクソンショック後の不況を懸念した金融緩和によって企業の手許流動性は十分にあった。

一方、実質成長率は「いざなぎ景気」のもとで5年連続2桁成長だったのに対して、1971年（昭和46年）4・4％、72年8・4％、73年8・0％、そして74年は1・2％のマイナス成長となった。設備投資などの資金需要は多くなかった。

特に活発な動きをしたのは丸紅や伊藤忠などの総合商社である。

全国銀行の業種別貸し出し比率を見ると、製造業向けは66～70年の41・2％が、72年には21・2％に低下した。

不動産向けは66～70年の5・1％が72年には13・1％に増えている。55年3月を100とした全国市街地平均価格指数は、70年3月に1395、71年3月1614、72年3月1827、73年3月2286、74年3月2812と、まさしくウナギ昇りの上昇を続けた。

田中角栄の「列島改造論」（著書は『日本列島改造論』日刊工業新聞社）は、全国に新幹線と高速道路を整備し、そして工場は太平洋ベルト地帯から地方へ分散移転するといった論調で説いている。

このため、地価上昇は地方にまで広がった。別荘地への投資も活発に行われた。商社の72

年上期末の土地所有は2900億円となり、半年間で10％強の増加となった。

商社の有価証券保有高は70年の400億円が72年上期には4890億円と急増した。先に述べた株主安定化工作に加えて、短期の売却益狙いが活発化。鉄鋼・造船・重電などの低位大型株が熱狂相場を展開した。三光汽船が急騰したのも、この頃のことである。

さらにはゴルフ会員券・宝石・書画・刀剣なども投機の対象となった。当時の株式時価総額は47兆9800億円、PER28・3倍、配当利回り1・54％である。

変動相場制への移行とオイルショック

「いざなぎ景気」からIOSショック、ニクソンショックを経て過剰流動性景気につながったブルマーケットは、1973年（昭和48年）1月にピークをつけた。

日銀は72年6月に4・25％まで引き下げた公定歩合を、73年4月から12月まで、5回に分けて9・0％にまで引き上げた。明らかに**金融引き締め政策への転換**である。

東京証券取引所は、73年1月8日に総合的な株価規制強化策を発表した。委託保証金率および現金徴収分の引き上げなどである。同年2月2日には国際通貨不安の再燃から東京市場が急落、2月12日には米ドルの10％切り下げを発表した。そして13日にはイギリスが、14日には日本が、変動相場制に移行した。

第1部でも少し触れたオイルショックの前後のことについて、次の項にかけて、もう少し説明を付け加えておきたい。

海外の機関投資家の対日株式投資が活発化する兆候が出てきたこともあり、私は71年4月に大阪屋證券の調査部から外国部に異動することになった。私は外国人機関投資家向けのレポートをまとめ、年に何回か彼らを訪問して意見交換していたが、73年秋にヨーロッパの機関投資家を訪問したとき、最初の訪問先であるパリで、私自身も把握していなかったオイルショックの第一報に接したことはすでに述べた。「石油値上がりの日本経済への影響をどう思うか」といきなり質問されたのだ。

訪問先の担当者と話をしているうちに、事情は理解できた。要するに、OPEC諸国が原油公示価格を1バレル当たり2・898ドルから5・11ドルに、さらに翌年の74年2月23日には11・65ドルと、都合4倍に引き上げるという内容である。これが「オイルショック」の中身である。

この「オイルショック」のニュースでは、世界中が大混乱に陥ったが、石油資源のほとんどない日本へのインパクトはことさら大きかった。株価と地価は反動安の局面にあったが、過剰資金はなくならず、マイナス成長下の物価高という典型的な**スタグフレーション（経済の停滞と物価の持続的上昇）**となっていた。

１９７１年から80年の実質国民総生産（前年比％）、卸売物価（戦前基準総合）、消費者物価（全国総合、１９９５年＝１００）を下の表に示しておく。

この表の内容をまとめていえば、**実質国民総生産は10年平均で年当たり4・47％**である。「いざなぎ景気」が5年連続2桁成長であったのに比べて、明らかに鈍化している。対して**WPI（卸売物価指数）、CPI（消費者物価指数）はともに10年間で2倍以上**になっている。

なお、第2次オイルショックは79年である。

西暦	71	72	73	74	75	76	77	78	79	80年
実質国民総生産	4.4	8.4	8.0	▲1.2	3.1	4.0	4.4	5.3	5.5	2.8
卸売物価	396.7	399.9	463.3	608.3	626.8	658.3	670.8	653.8	701.5	826.2
消費者物価	34.4	36.0	40.2	49.6	55.3	60.6	65.5	68.3	70.8	76.3

8　オイルショックから15年間の変貌

トイレットペーパー・パニック

昭和48年（1973年）の第1次オイルショックで日本の高度経済成長期は終焉を告げた。では、そのオイルショックの影響は具体的にどうだったのか。

石油および石油化学関連の原材料を使った製品、電力依存の高い製品はとりわけダメージが大きかった。

象徴的だったのはトイレットペーパー・パニックであろう。「トイレットペーパーがなくなる」という噂が広まり、全国の店舗で主婦たちの凄まじい奪い合いが展開された。洗剤・砂糖・塩・灯油なども品不足になり、パニック買いが殺到した。大豆・豆腐・紙パルプも然りである。新聞もページ数が減り、テレビからも深夜放送が消えた。

私事だが、ヨーロッパ出張の前に10％の手付金を入れてマンションを買っておいた。オイルショックで流し台、浴槽をはじめ建築資材の高騰や人件費の高騰があり、半年後に引き渡しを受けるときにはマンションの価格は50％も上がっていた。74年の春闘は32％のベースアップだったと報道されている。まさに「狂乱物価」であった。

この時期の部門別売買状況は次のようになった（比較のため73年のみ再掲）。

部門別売買状況　1973～76年（単位：億円）

西暦	1973年	1974年	1975年	1976年
外国人投資家	▲1903	▲3490	1820	▲332
投資信託	▲664	1441	1640	1354
金融機関	2271	2221	764	4593
事業法人	4286	▲504	▲2091	1032

過剰流動性相場のときに大量買い越しをした事業法人は74年・75年と売り越し、外国人も

75年を除いて売り越し。一方で金融法人はコンスタントに買い越しに転じている。

東京市場は73年1月の高値から74年10月まで37%下げた。

前述のように、昔から株式市場には「3割の高下には向かえ」という格言がある。戦前の株式市場では3割の上げ、3割の下げが一応の目途とされている。

戦後、高度経済成長のもとでは、この格言が適用する局面はなかった。しかし、オイルショックで成長鈍化が予想されるこの局面では、試してみてもよいのではないかと考えた。

しかも、優良成長株のなかにPBR（株価純資産倍率）が1倍前後の割安銘柄が多くなっていたので、外国人投資家に積極的に買いを薦めてみた。結果としては、多くの投資家に安値圏で買ってもらうことができた。

戦後最大の貿易赤字

石油価格が一挙に4倍にもなるというのは、経済はもとより生活にも大変な影響を与えることになる。もともと貿易収支が赤字続きだった日本はどうなるのかと、誰もがショックを受け、大きな不安を抱えた。

しかも、ほぼ自由に買えた石油資源が量的にも制約を受ける。事実、ＯＰＥＣ（石油輸出国機構）が値上げを発表した１９７３～75年の貿易収支は赤字で、なかでも74年は１兆８６８５億円と戦後最大の赤字を記録した。

第２次オイルショックの79～80年には第１次を上回る赤字となり、特に80年の貿易赤字は２兆６１２８億円と74年を上回る規模となった。それでも日本人は頑張った。成長率こそ鈍化したものの、輸出が急増して、あっという間に黒字大国になったのである。

石油値上げというピンチをチャンスに代えたのは、**省資源・省電力・省力化・減量経営**といった掛け声のもとで産業構造を変えていったことにある。

従来は鉄鋼・造船など「**重厚長大**」の産業が主力であったが、半導体・電子計算機・工作機械・カラーテレビ・ＶＴＲなど「**軽薄短小**」の付加価値の高い製品が、国内でも輸出でも成長産業の中心になった。自動車でも、アメリカの大型乗用車に対して、日本製は「小型で省エネの車」として評価されるようになった。

法人主導型の上げ相場

このような経済的背景のもとで、東証ダウ平均は１９７４年（昭和49年）10月９日の３３５５円13銭から89年12月29日の３８９５５円87銭までの15年余にわたって上げ続けた。スタート時点から11・５倍。途中３回、15〜21％の下げ相場はあったが、大勢局面の転換というほどのものではなかった。

この間の株式分布を見ると、個人は証券取引所が再開してから減り続けているが、74年にはまだ31・７％あった。これが89年には20・５％と、さらに11・２ポイント落ち込んでいる。この11・２ポイントのほとんどが金融機関と事業法人に移っているのである。

つまり、この15年間は法人主導型の上げ相場だったといえる。外国人投資家が74年の３・２％から83年の８・８％まで買い越しているが、その後のバブル相場では売り逃げている。

個人が主体と思われる投資信託は、バブル相場の始まる80年の１・５％から89年の３・７％に増えているが、その後の下げ相場での解約ないし償還をし、高値づかみをした結果となっている。

この15年のうち、83年までは電気機器を中心とした**輸出株相場**、83年から89年は含み資産株を中心とした**バブル相場**と分けられる。

なお、第2次オイルショックの79年は**資源株相場**、82年には金鉱脈発見で湧いた**住友金属鉱山中心の相場**などがあった。

74年の消費者物価上昇率は24・5%だったが、75年は11・8%、76年9・3%と鎮静化してきた。

公定歩合も74年の9%から、75年には4回の引き下げで6・5%、さらに78年には3・5%まで引き下げられた。この間、米国景気は75年3月をボトムに、80年1月まで58カ月の拡大局面に入っている。

日本の景気は75年3月をボトムに景気回復局面に入った。輸出主導型の景気回復で、第1次オイルショックを教訓にした省エネタイプの日本製乗用車に加え、エレクトロニクス製品の関連銘柄が買われた。内需関連も、国内景気回復を背景に、食品スーパー、通信、空運、建設株などが買われた。

部門別売買状況　1977～80年（単位：億円）

西暦	1977年	1978年	1979年	1980年
外国人投資家	▲2387	▲2005	▲1317	1兆1853
投資信託	1625	3025	▲2321	▲4301
金融機関	6663	7415	7123	3906
事業法人	1163	1191	2559	1258

第2次オイルショック年は資源関連株

公定歩合が3・5%に下がった1978年（昭和53年）の業種別値上がり率トップは鉄鋼で、電機は7位、売買代金では1位の日立が5400億円、2位の新日鐵が4950億円だった。

第2次オイルショックの79年には、業種別値上がりトップが石油・石炭で2・15倍、鉱業が2位で2倍、3位が海運、4位が非鉄金属。個別銘柄では日本石油が3倍、帝国石油が2・5倍、他に同和鉱業、松島興産、住友石炭がトップ10に入っている。参考までに日本石油の株価を次ページに示しておく。売買代金でもトップの日本石油が2兆円、2位に帝国石油、

日本石油（現・JXTG）の株価

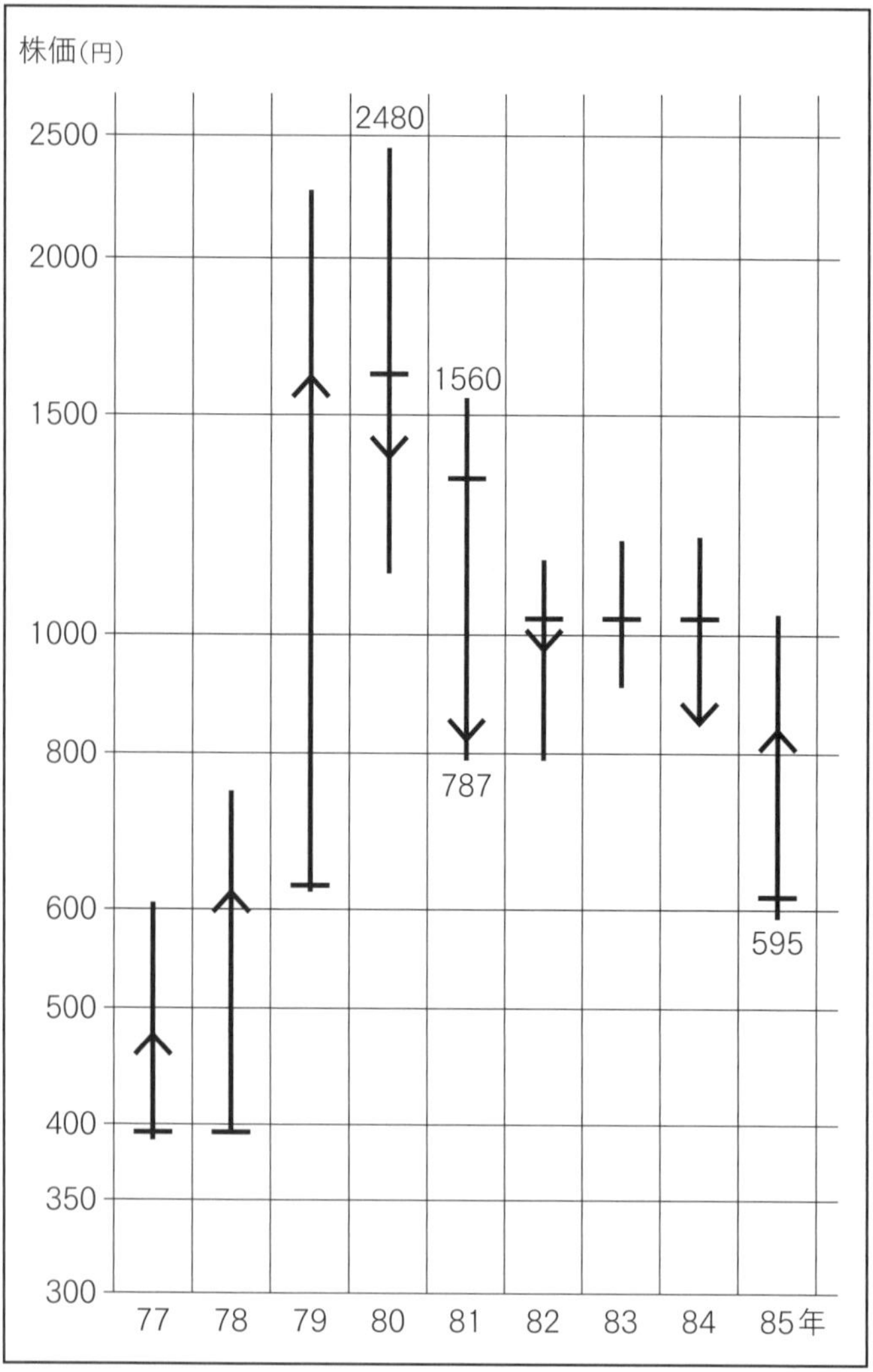

3位以下に三菱商事、日本郵船が続いている。

株式市場はまさに資源関連株一色の1年間だった。三菱商事はブルネイにLNGの利権を持って、毎年、一定の配当を受け取っていたので、それなりの説明はつく。

日本石油は日韓大陸棚開発が期待材料だが、試掘作業を予定している段階。原油値上げは業績にマイナス材料となる。

帝国石油は国内最大の産油・産ガス会社だが、東柏崎ガス田はこの先10年で枯渇、すでに天然ガスの自社生産は減りつつあった。生き抜くための探鉱費がかさみ、不成功油田が出ると投下資源が欠損となり、逆に償却負担が増えるという体質を持っている

資源株相場は個人、投信、外国人

豊富な油田を持ち、石油価格が上がれば、その分だけ利益が増える海外の資源会社とは、わけが違う。海外で資源株が急騰しているのを背景に、日本では日石、帝石が擬似資源株として位置づけられたのだろう。

この1年間の機関投資家の資産運用は苦しい選択を迫られることになった。

ところが、1979年（昭和54年）は金融機関、事業法人が買い越し、外国人と投資信託

が売り越しとなっているが、売買代金シェアで見ると別の景色が見えてくる。

委託代金ベースの売買代金シェアで見ると、国内個人が61・3％、事業法人9・9％、金融機関7・1％、投資信託10・4％、外国人5・2％となっている。全体の3割弱しか持っていない個人投資家が、売買代金の61・8％を含めているということは、それだけ回転が速いということである。

同じことは持株比率2・3％の投信が売買代金シェア10・4％、持株比率3％の外国人の売買代金が5・2％だったことについてもいえる。おそらく資源株相場は個人、投信、外国人の参加で盛り上がっていったものと考えられる。逆に持株比率36％の金融機関が売買代金シェア7・1％、持株比率26・6％の事業法人の売買代金シェア9・9％となっている。

金融機関・事業法人は持ち合いなどによって多くの株数を持ってはいるが、この時点で短期の回転商いはしていなかったと推定される。

教訓⑦　2つのオイルショックの差異

第1次オイルショックのとき、世の中は「狂乱物価騒ぎ」となったが、株価は下がった。第2次オイルショックでは資源株相場として大きい反応を示した。この違いはなぜか？

これも相場の局面、時代背景の違いによるものである。日頃から勉強して大局を見間違えないようにしたい。

サウジの日本株大量買い

1979年(昭和54年)末、アフガニスタンにクーデターが発生した。そこへソ連が軍事介入したことから、国際緊張が一気に高まった。

ロンドン・金は10月末の1トロイオンス当たり382ドルが翌年の80年1月20日には850ドルと急伸、2月までの非鉄株活況の背景となった。日本石油の天井は同年4月の2480円、帝国石油は同5月の1460円だった。

第2次オイルショックに米国の金利高が重なり、円ドルのレートは78年10月の175円50銭から250円を超える円安に進み始めており、これを阻止するために79年に3・5%だった公定歩合を80年3月の9%まで引き上げた。これで資源株相場は幕引きとなり、再び優良株、ハイテクの株の出番を迎えることとなった。

81年3月18日、日本経済新聞夕刊に、「サウジ、日本株大量買いへ、英銀に10億ドル委託」

という記事が出た。同紙の林記者のスクープであったと記憶している。この記事を受けて後場の東京市場は大型優良株が一斉高となった。

私は78年4月にフィデリティに移って、預かったオイルマネーの運用を始めていた。サウジ報道の前年、80年には外国人投資家の大量買いが入っていた。石油値上げで中近東諸国に流入したドルの一部が日本株投資を目的に還流し始めたのだ。

この報道の後、わずか半年の間に、日立が3倍、東芝、松下が2・5倍、富士写真、NEC、ソニーが2倍前後の急騰となった。81年には小野薬品が3・5倍、大日本製薬が2・6倍になった。小野薬品は夢の新薬といわれたプロスタグランディンへの人気と期待が集まった。81～84年の部門別売買状況は次の通りである。

部門別売買状況　1981～84年（単位：億円）

西暦	1981年	1982年	1983年	1984年
外国人投資家	2337	1817	7264	▲1兆9220
投資信託	▲1509	175	▲690	3247
金融機関	2944	4227	7691	1兆4794

事業法人	259	836	279	3198
個人投資家	▲1兆0035	▲3305	▲8622	▲5551

この4年間で外国人投資家の買い越しは2兆5000億円、持株比率も78年の2・8%が83年には8・8%に上った。

ただし、これがピークであり、89年には4・2%まで下がっている。外国人投資家は含み資産株相場・バブル相場には乗らなかったのである。

9　最後の相場師・是川銀蔵のこと

極貧のなか、独学で経済を学ぶ

1980年（昭和55年）2月期から83年2月にかけて景気は64カ月の後退期にあった。第2次オイルショックとアメリカにおける金利高の影響もあって、東証ダウは81年8月の8019円から82年10月1日の6849円まで調整段階にあった。この頃の時価総額は81兆円、PERは22・8倍であった。

業種別値上がり順位は、81年のトップが電気機器、82年のトップは非鉄金属である。非鉄金属のなかでも目立った上昇をしたのが住友金属鉱山であり、その中心となって動いたのが「**最後の相場師**」といわれた**是川銀蔵**である。彼が93歳のときに書き残した自伝からそのエッセンスを少し紹介したい（『相場師一代』小学館文庫）。

是川銀蔵は1897年（明治30年）に兵庫県で生まれた。高等小学校卒業後、神戸の貿易商のもとで奉公。数々の職業を経ながら、1938年から終戦までは朝鮮半島で鉄山と金山を開発し、鉱山経営に携わった。

その前、1927年の金融恐慌で事業が倒産、極貧のなかで3年間、中之島図書館に通い、独学で経済の勉強をした。

その勉強の成果を活かすべく株式投資の世界に足を踏み入れたのである。1931年、34歳のときである。1938年までそれなりの成果を挙げたが、日本の軍事力増強に貢献したいとの思いで朝鮮に渡り、鉱山開発に取り組む決意をした。証券界に戻ったのは22年後の1960年、63歳のときである。

大阪のニュータウン構想に着目

この時期の株式投資は、少ない資金で生活費をまかなう程度だった。一方で、大阪府が堺泉北の海を埋め立ててコンビナートをつくる構想があることを伝え聞いた。そうなれば、その近郊にベッドタウンが必要になる。

そのことに気づいた是川は、カネのある友人を説得して数十万坪の土地を購入した。読みは当たり、是川が買収した丘陵地に大阪府が泉北ニュータウンをつくるという構想計画が発表された。買収時の坪単価は300円であったが、1965年（昭和40年）には坪1500円ですべてを売却し、3億円の資金を手にすることができた。この3億円はその後の株式投資で76年には6億円になっていた。

この頃、セメント業界は第1次オイルショックの影響で未曾有の不況に陥っていた。是川はそこに目をつけ、日本セメント株を120円〜30円から目立たないように買い始めた。77年7月、買い集めた日本セメント株は3000万株を超え、総発行株数の14・2％に達していた。政府は景気浮上を図るため、財政投融資を柱とした大型予算を組むことに決定した。セメント業界の業績は急回復し、株価も順調に上昇、是川は3000万株をほぼ300円台で売却し、30億円の儲けを手にした。

同和鉱業の筆頭株主に

次に目をつけたのが同和鉱業株である。非鉄金属相場とともに安値圏にあった同和鉱業株を、これまた目立たぬように買い始めた。1978年（昭和53年）11月に145円の底値をつけたが、その前から買い集めており、本人名義で1200万株、家族・友人の名義で

1000万株、合計2200万株、全発行株の10％の名義を書き換えた。それまでの筆頭株主である日本興業銀行の1403万株を上回ったのである。そして、ピークで6000万株を所有した。

非鉄金属相場も79年1月を底に反発し始めた。株価は当初500円を目標にしていたが、予想以上の環境の好転と市況の上昇を見て、目標を1000円に引き上げた。事実、80年1月には900円まで上昇、皮算用では300億円の大金をつかんだはずだが……。

同年3月に世界最大の銀投資家・ハント一族が資金繰りに行き詰まり、銀相場が大暴落。余波を受けた日本の市場でも非鉄相場は一斉に総崩れとなった。同和鉱業株も3カ月後には300円にまで大暴落した。

教訓⑧　是川の3つの心得

是川は株式投資の基本として3つの心得を述べている。その一つは「過大な思惑はせず、手持ち資金の中で行動する」と。また、こうも述べている。「株価には妥当な水準がある。値上がり株の深追いは禁物」と。是川ほど勉強し、経験を積み重ねても、自分を律することがいかに難しいことか。

「もう株はやらん」と言いながら……

同和鉱業の失敗で「もう株はやらん」と一度は決心した是川だが、１９８１年（昭和56年）9月18日、日本経済新聞の「金属鉱業事業団、鹿児島県菱刈金山に高品位金鉱脈を発見」という記事を読んで、胸の高鳴りを抑えられなかった。

かつて朝鮮半島で鉄山と金山を開発し、鉱山経営をやった経験から判断して、その鉱区権者の住友金属鉱山に大変な興味を持ったのである。

さっそく、鹿児島県菱刈金山の現場を訪れた。そして、そこに大金鉱脈が続いているとの確信を抱いたのである。

翌日には十数社の証券会社に買い注文を出していた。当時の株価は２２０〜30円、10月に株価が５００円を超えた頃、同社の藤崎社長から「会いたい」との電話があった。そのときすでに発行株数の16％にあたる５０００万株以上の株を所有していた。

社長と技術部長に大金鉱脈があると説明しても、２人からは「ありえない」という返事が戻ってくるだけだった。

住友金属鉱山の株価

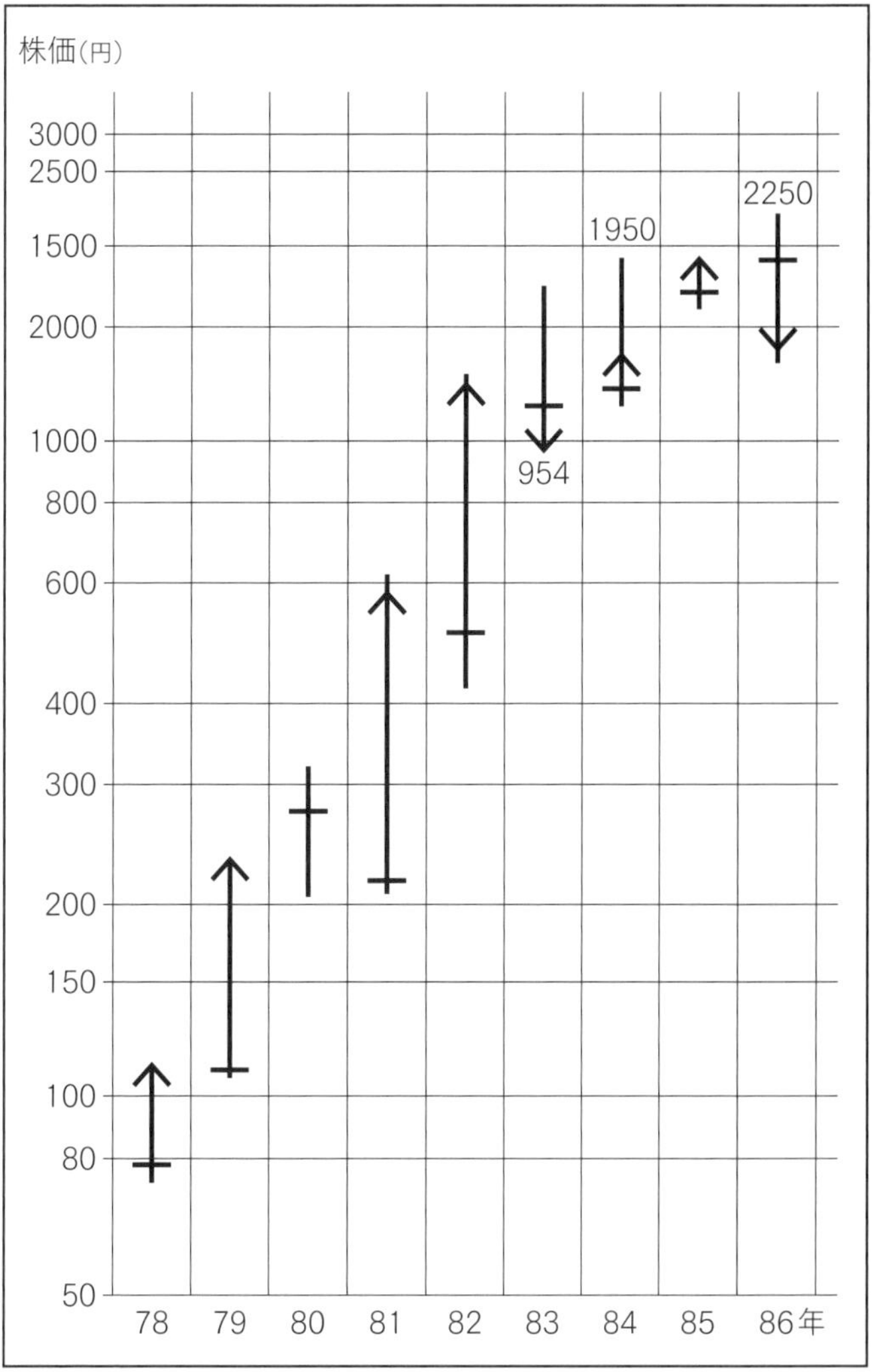
株価(円)
3000
2500
1500
2000
1000
800
600
400
300
200
150
100
80
50
2250
1950
954
78
79
80
81
82
83
84
85
86年

株価は売り方・買い方がそれぞれ参入し、翌82年2月25日に772円の高値をつけた後、3月には420円で売られるという波乱含みの様相を呈していた。

高額所得者番付の第1位に

1982年3月17日付の日本経済新聞に「国内最大級の金鉱開発　住友鉱山8月着手　鹿児島　推定埋蔵100トン」という記事が出てからは市場の空気が一変した。人気沸騰の状態となったのである。

市場では、1000円の目標値が3000円に変わるほど強気一辺倒となっていた。同和鉱業株での失敗に懲りて、市場の強気にかかわらず、是川は1000円台ですべての持ち株を売り切った。

翌83年の高額所得者番付で是川は第1位となった。84歳の老人が2000億円もの資産をつくったと伝えられている。しかし当時の税制では、所得税と住民税を合わせて85%の課税がなされていた。

その後の投資戦略は本田技研、松下電器、富士フイルム、不二家といった銘柄に移っていたと本人は言っているが、おそらく一生、株はやめられなかったのだろう。

その後、相場に失敗し、92年に95歳で亡くなったときには約24億円の借金があり、遺族は相続放棄したと伝えられるが、真偽のほどは確かめるべくもない。

住友金属鉱業の値上がり率は81年が１００％、82年１３５％であった。

10 株バブル、土地バブル、ITバブル

業績無関係の株価上昇

バブルといえば、80年代後半の「**株バブル**」「**土地バブル**」のことを指すが、経済の実体、企業業績を無視した株価上昇はほかにもある。

岩戸景気を背景にした「投信ブーム」は運用成績の好調と募集の増加という好循環が続き、運用担当者は入ってくるカネで株を買い続けた。加えて、証券会社は運用預かりで手にしたカネで株高を煽った。

このときの主役は、**投信を買った個人投資家**である。

改造ブームに酔った70年代前半は、大手商社を中心とする事業法人が土地投機・株式投資に走った。最初は資本取引自由化を控えた株式持ち合いが始まりであったが、金融緩和で得

た資金で土地・株式への投資を活発化させていった。

80年代後半（昭和60年代）のバブルについては後述するが、その株バブルや土地バブルの後に「**ITバブル**」があった。ニューヨーク市場のITバブルを映して東京市場でもIT関連銘柄が買われた。主役は**外国人投資家**である。

ソフトバンクが99年に1338％の上昇、2000年は87・8％の下落であった。光通信は同じく99年に2849％の上昇、00年は99・1％の下落という大波乱の相場展開だった。

人気の圏外だった三井不動産株

1980年代後半のバブルへ向かう時期のことを、改めて振り返ってみたい。

私はファンドマネジャーであるとともに証券アナリストである。ファンドに組み入れる銘柄は証券アナリストとしての目で納得した企業に限られる。業績は悪いが含み資産はあるという銘柄は買ったことがない。

1983年（昭和58年）当時、電機・精密関連の企業はかなり割高な水準まで買われていた。そこで人気の圏外にいた三井不動産を訪問したのは先にも述べた通りである。当時の株価は600円台。同社には2つの成長のチャンスがあることがわかった。

1つは多くの外資系金融機関が東京でオフィスビルを探しているため、オフィスビルを増やす必要があったことである。

もう1つは、三井グループの企業が公害問題の対策として、工場を郊外に移しつつあったことだ。同社の社長・会長を務め、三井グループのリーダー的存在であった江戸英雄氏が移転後の工場用地を買い取る手配をし、そこにマンションを建てる予定になっていた。

これまで銀行借り入れに多くを依存してきた同社だが、上記プロジェクト推進のため株式市場からの資金調達を目指していた。そのためには1株利益を増やし、株価は高いほうが有利である。株価は1987年に3000円に乗せた。

この後に確認のため三菱地所・住友不動産も訪問したが、業界環境についての認識はほぼ同じであることが理解できた。外資系金融機関の日本進出といい、工場跡地へのマンション建設といい、いずれものちのバブルの先駆けにつながる話であった。

トリプルメリットの東電株

東京電力への訪問を考えたのは、電機・精密株を利食った後の受け皿候補として考えたからだ。訪問して、よく聞いてみると、当時の業界環境は円高・低金利・原油安のトリプルメリットを受け、予想以上の利益を期待できることがわかった。下値不安がほとんどないのでポートフォリオに組み入れたが、2年後に「ウォーターフロント相場」という言葉が流れてきた。

国土庁の首都改造計画、大都市圏の容積率の緩和、東京都横断道路の推進、東京臨海副都心計画などを背景に、東京湾岸に不動産を持つ企業の株が注目を集め始めたのだ。調べてみると、東京電力や東京ガスが豊洲に広大な土地を所有していることがわかった。

当時の株価は200円前後だったが、さっそく大量に買い付けた。その後、東京ガスは野村證券が石川島播磨重工業（現ＩＨＩ）、日本鋼管（現ＪＦＥ）とともに御三家として推奨銘柄に取り上げた。結果、1987年に東京電力は9420円、東京ガスは1590円の高値をつけた。

次ページに、この前後の東京ガスの株価の推移を示しておく。

東京ガスの株価

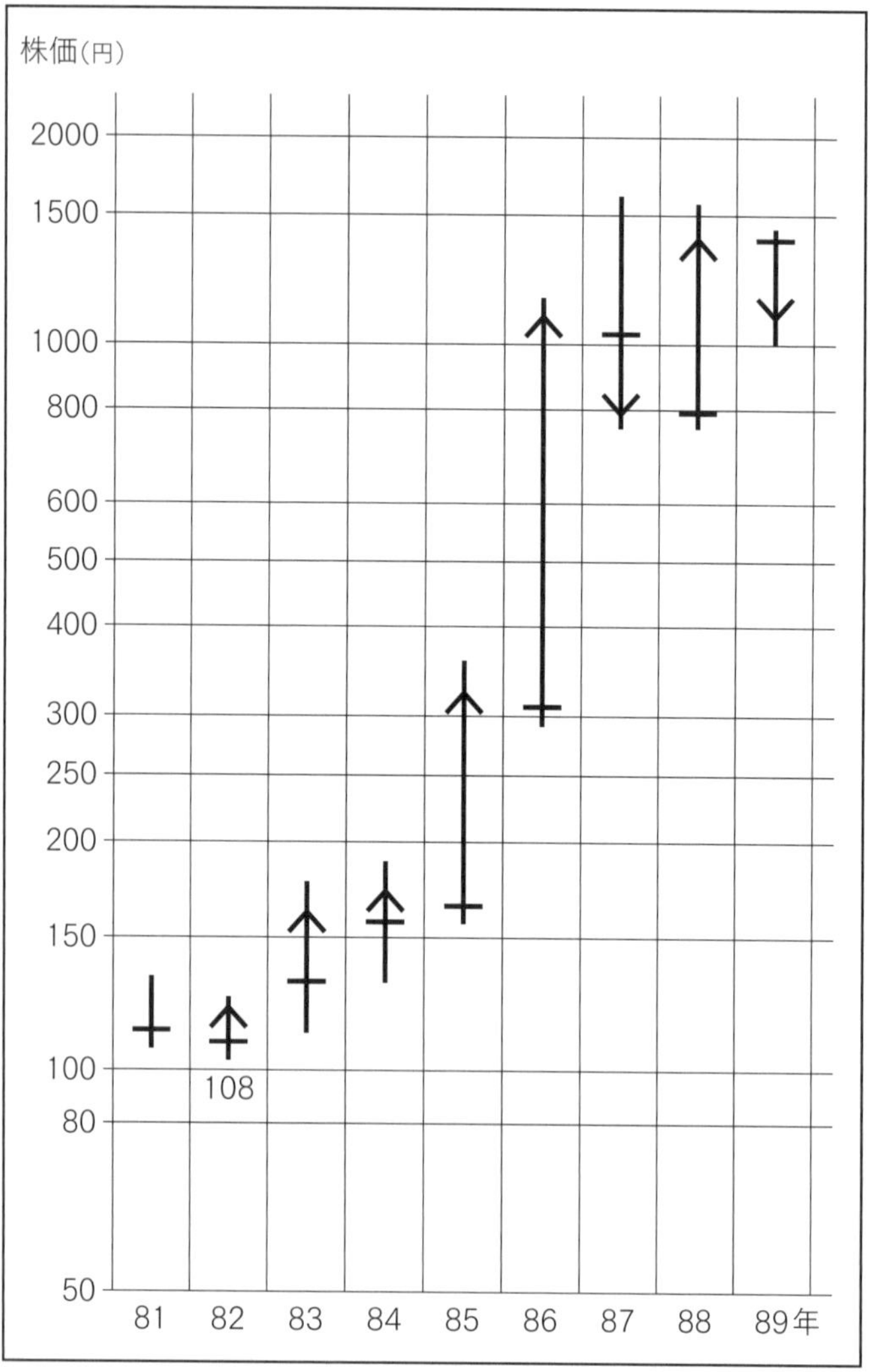
株価(円)
2000
1500
1000
800
600
500
400
300
250
200
150
100
80
50
108
81
82
83
84
85
86
87
88
89年

市街地価格の指数の動きは

含み資産株相場の基になる地価の動きを調べてみると、全国市街地価格指数の上昇率ピークは1990年（平成2年）9月で、日経ダウ平均より約1年のタイムラグがある。

そして92年・93年と本格的地価下落局面に入っている。しかし、地価の先行指標ともいえる大手不動産株、電力・ガス株は先に値上がりした後、土地の全国指数に先駆けてピークをつけた。三井不動産、東京電力、東京ガスの株価と軌を一にしているのである。

ちなみに、1955年（昭和30年）を100とした指数で見てみると、全国市街地のピークは91年9月の6761、2019年（平成31年＝令和元年。以降、平成31年は「令和元年」で統一する）9月は2327である。

なお、東京都下市街地価格指数は、2010年を100とした指数で1987年9月の379がピークで、2019年の9月は105となっている。

全国の市街地価格指数

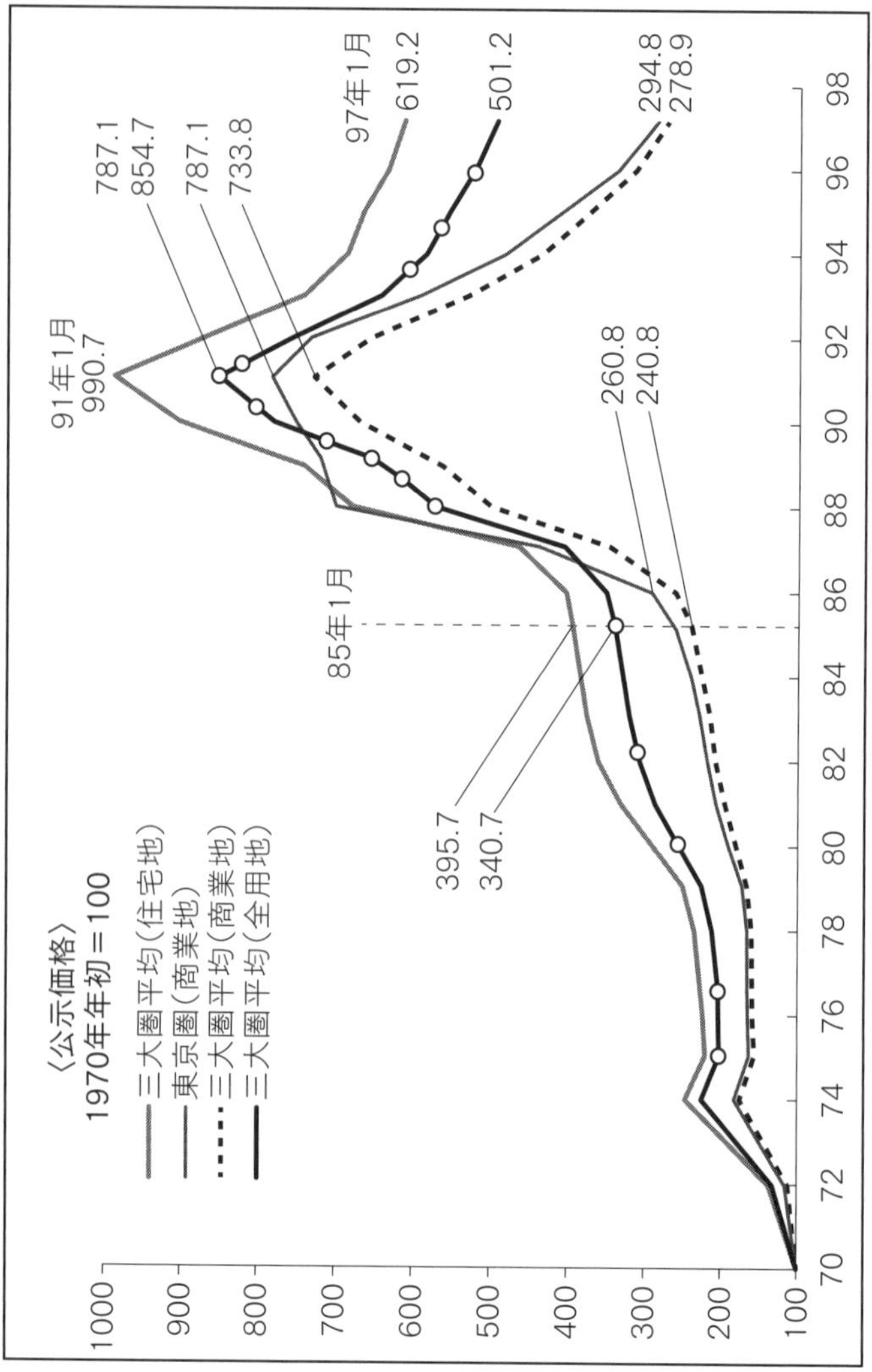
〈公示価格〉
1970年年初＝100
三大圏平均(住宅地)
東京圏(商業地)
三大圏平均(商業地)
三大圏平均(全用地)
91年1月
990.7
787.1
854.7
787.1
733.8
97年1月
619.2
501.2
294.8
278.9
85年1月
260.8
240.8
395.7
340.7
1000
900
800
700
600
500
400
300
200
100
70
72
74
76
78
80
82
84
86
88
90
92
94
96
98

プラザ合意とバブル相場

私は大阪屋證券に勤務していた1970年代に、アメリカの機関投資家を多数、訪問した。日本株投資を始めていた少数のファンドマネジャーとは活発な議論をすることができたが、その他の機関投資家は日本経済にほとんど関心がなく、まして個別企業の説明には興味を示してこなかった。

それから約10年後、私はフィデリティに移っていたが、アメリカの大企業数十社が、年金資金の一部を日本株に投資したいと言ってきた。1984年のことである。

我々は4人のファンドマネジャーで分担して、この話を受けることにした。

「このタイミングでなぜ日本株投資を決断したのか」

「彼らにはその後の数年にわたる日本経済、為替の方向性が見えていたのではないか」

と、4人で議論を進めながらである。

アメリカ国務省発表の対日本国赤字は83年に216億ドル、そして翌84年には368億ドルと急増した。対ドル円相場は85年2月13日の263円65銭の底値をつけた後、徐々に円高が進んでいた。83年2月から上昇期にあった景気は85年でピークを迎えた。
そうした環境の中で株式相場の物色は内需関連株が中心となり、金融、不動産、通信、電力・ガスなどが買われていた。

85年9月22日、ニューヨークのプラザホテルでG５会合が開かれ、ドル高是正のための協調介入で合意した。

同年9月20日のドル／円相場は２４２円00銭、３連休明けの24日は２３０円10銭。その後、円高が進み、87年12月31日には１２１円85銭、88年11月25日には１２０円67銭となった。
ドルで日本株に投資した米国の年金は為替相場だけで2倍の儲けとなる。しかも、株価も上がった。円高による景気後退や国内経済を懸念した日銀は公定歩合を引き下げ、政府も積極的な景気対策を行ったからである。

公定歩合は87年2月の5％から5回の引き下げで2・5％まで下がり、89年5月までこの水準を維持した。円高・低金利・原油安のトリプルメリット関連株が買われたのも、この頃である。

バブル相場の最終局面へ

1987年（昭和62年）12月末の時点で日本も西ドイツも公定歩合は2・5％だった。第1次世界大戦後の狂乱インフレの記憶が残る西ドイツは88年10月19日に金融引き締めに転じた。同日、ニューヨーク・ダウ平均は下落率22・6％と過去最大の下げ率となり、世界に連鎖していった。

日経ダウ平均は3836・48円安、下落率14・9％の暴落となった。これが世に言う「**ブラックマンデー**」である。

西ドイツはその後も88年に2回、89年に2回、0・5％ずつの公定歩合引き上げを実施し、4・5％とした。

この間、日本は89年5月まで、2・5％の低金利を維持した。株価も1カ月の調整を経て、反騰に転じ、バブル相場の最終局面に向かうことになる。

前川レポートは、86年4月7日に中曽根康弘首相（当時）の私的諮問機関「国際協調のための経済構造調整研究会」がまとめた報告書である。前日銀総裁の前川春雄が座長であったことからこの名前で呼ばれている。

その主旨は、日米間の経常収支不均衡の解決と国民生活の質の向上を目指すこととし、内需拡大、産業構造の転換、市場開放などが柱になっている。また10年で430兆円の公共投資を中心とした財政支出の拡大や民間投資を拡大させるための規制緩和の推進などが含まれていた。


産業構造の転換は、製造業からサービス業への転換を目指というもの。規制緩和としては都心部の容積率の緩和、リゾート法（総合保養地域整備法）の制定などが行われた。

もう一つ注目されるのは、**日本国有鉄道・日本専売公社・日本電信電話公社の3公社を民営化したこと**。中曽根民活（民間活力の活用）路線の象徴であった。

この3公社の売り出しを含めて、全国上場企業のエクイティファイナンスは1986〜89年の4年間で67兆円に達した。

ちなみに、81〜85年の5年間では17兆円にすぎない。この67兆円の大半は設備投資ではなく、特金・ファントラによる財テクに使われたものと推定される。

巨大化した投資資金とエクイティファイナンス

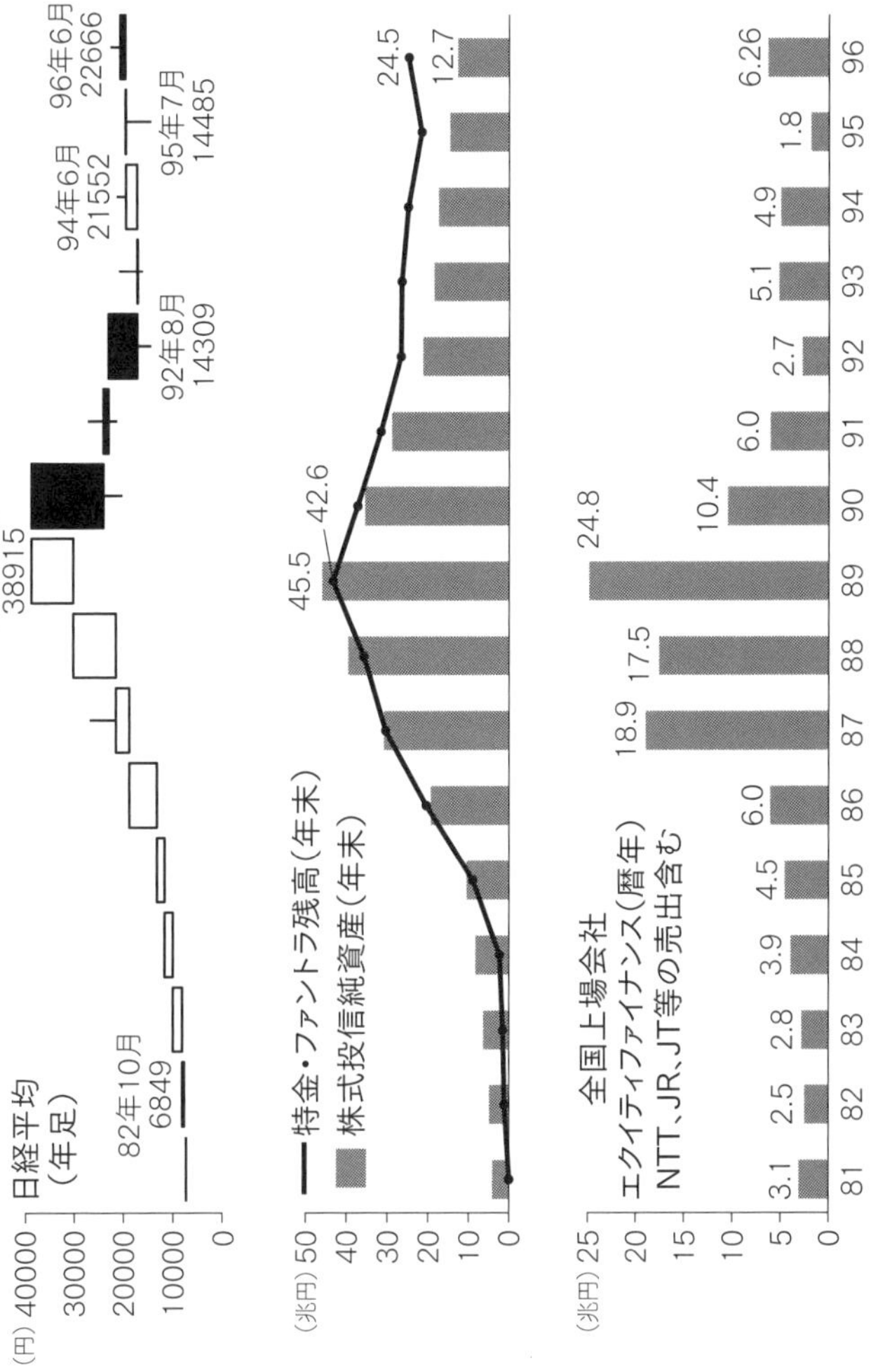

バブル期の投資家たち

バブル期およびバブル期に至るまでの投資家たちはどういう構成だったのかを見てみよう。まず、投資家別持株比率の推移を示す。

バブル期前～バブル期の投資家別持株比率（単位%）

西暦	金融機関	投資信託	事業法人	個人投資家	外国人投資家
1980年	36・3	1・9	26・2	27・9	5・8
1985年	38・1	1・7	28・8	22・3	7・0
1989年	39・8	3・7	29・5	20・5	4・2

（1）金融機関・事業法人

取引所の再開時に69・2%の株式を所有し、証券民主化時代到来といわれた個人投資家は年を経るごとに存在感が小さくなった。この傾向は80年代も止まらなかった。

個人投資家に代わって受け皿となったのは金融機関と事業法人で、1989年（平成元年）

末には両者合わせて69・3％になっている。ただ、この両者について、88〜89年の2年間は積極的な株式運用が加わった。

88年1月5日に大蔵省が「特金（特定金銭信託）・ファントラ（ファンドトラスト＝指定金外信託）の決算計上の弾力化」と「生保の運用枠の拡大」を軸とした対策を打ち出したからだ。

その内容は事業会社について、「88年3月期決算から低価法、原価法の選択性を採用する。生保については総資産に対する特金・ファントラの枠を3％から5％に拡大する」というもの。また生保の総資産利回りは評価損を除いて計算するとされた。

特金・ファントラは88年以前にもあった。最大のメリットは「簿価分離」にある。簿価分離とは、企業が特金やファントラで資金を運用するとき、その企業が独自に保有する銘柄と特金やファントラで保有する有価証券を区分して簿価評価を行う方法のことである。

たとえば、ある企業がA社の株式10万株を20年前に1株200円で取得していたとする。同じA社の株式を最近、追加で10万株、1株1000円で追加取得すれば、A社の1株当たり簿価は600円となる。

しかし、追加したA社株を信託形式で取得すれば、簿価通算の必要はない。20年前から保有しているA社株の単価は200円のままで、含み資産として温存できる。信託形式で取得したA社株は簿価1000円として売却時の税務計算を行うことになる。

加えて88年1月の「特金・ファントラの決算計上の弾力化」で低価法・原価法の選択性が採用された。原価法を採用すれば、取得した銘柄が値下がりしても評価損を計上する必要はない。値上がりした銘柄だけを売って売却益を計上すればよいという、うまい話である。大蔵省が特金・ファントラの活用を奨励したようなものである。

企業が信託銀行に信託をするが、株式・債券投資の運用は証券会社の社員に一任するのが「営業特金」と呼ばれている。通常は事業会社と法人担当社員の間の一任契約となるケースが多い。

ただ、営業特金は証券会社の手数料稼ぎの対象となり、運用成績が上がらないことが多い。そこで損失補填とか利回りの保証とか、好ましからざる話が出てくる。

多額の損失を抱えた特金を多く持つ証券会社は、損失の表面化を嫌って〝飛ばし〟を行う。その典型例が**山一證券**である。

教訓⑨　甘い蜜には毒がある

特金・ファントラは当時の機関投資家にとって実に魅力的な仕組みであった。手を出さなかった企業は株主から「なぜやらないのか」と責められたほどである。しかし、特金、ファントラの弾力化は88年1月で、87年10月のブラックマンデーの直後であったことの意味も考えてみたい。

特金とファントラを合わせた残高は、1987年末に30兆円、89年末には47兆円と急増している。

当時の売買動向を見ても、生保・損保と銀行の買い越しが急増しているのがわかる。生保・損保については生保の特金・ファントラ枠の拡大によるもの。銀行のなかでは信託銀行の買い越しが多いと推定されるが、確認できるだけのデータはない。

特金・ファントラの運用資金はどこから調達されたか。もちろん、銀行借り入れもある。時価発行増資による調達もある。

転換社債（CB）とワラント債の発行額（単位：兆円）

西暦	1986年	1987年	1988年	1989年
	6・68	11・69	17・6	26・42

※転換社債とワラント債による

この4年間の調達額は合計で64兆4000億円になる。その一部は設備投資に使われたであろうが、半分以上は特金・ファントラの運用資金に使われたと思われる。

（2）外国人投資家

外国人投資家は1980年から83年の4年間で2兆円弱の日本株を買い越し、78年に2・7%まで落ちていた日本株に占める持株比率を83年には8・8%にまで引き上げた。しかし、その後は売り越しに転じ、89年には4・2%まで比率は下がった。私が預かった米国年金は賢かった。84年に入ってきて、88年の後半から89年の前半にはすべて引き揚げていった。

ドルベースで見れば4年間で約4倍になったのだから。東京市場のPERは60〜70倍になったのを見て、これ以上、日本株を持ち続ける理由はないと判断したのだろう。

(3) 投資信託

「池の中の鯨」といわれ、60年代前半に市場の9・5％の株を組み入れた投資信託は、その後1〜2％台で推移していた。

ところが1988年に3・1％、89年に3・7％とわずかではあるが増加に転じた。バブル相場の熱気に煽られて、個人投資家が参加したものと思われる。その後また、減少に転じているから、結局、高値づかみをしたことになる。

(4) 個人投資家

個人投資家は80年代も売り続けている。バブル相場に乗らなかったという点では賢明であったが、この間の高度成長期にも乗らなかったのは淋しいことである。

証券業界をはじめ関係者が本当の意味での長期投資を教えなかったことは明らかである。

バブル前後の個人投資家の投資行動を分析してみた。

個人投資家の売買取引（単位：億円）

西暦	信用取引	現物	合計
1985年	2599	▲1兆7055	▲1兆4456
1986年	5355	▲3兆5748	▲2兆0195
1987年	1兆1790	▲3兆8078	▲2兆6288
1988年	7691	▲5兆6739	▲4兆9048
1989年	3兆6859	▲6兆9233	▲3兆2364
1990年	3兆1373	▲1兆5989	1兆5989
1991年	▲3兆3842	▲1兆7145	▲2兆0987

現物のなかには、増資新株や新規上場株（ＩＰＯ）の割当分の売却も含まれている。

89年・90年には信用取引の売買は活発に行われており、短期の取引に傾いたことは明らかである。そして、大量の買い残を抱えたままバブルの終焉を迎えたことが想定される。

89年末の東証一部時価590兆円、ダウ平均採用225銘柄の平均ＰＥＲは60倍強、1日平均売買高は80年の1242億円、85年の2647億円に対して、89年は1兆3085億円であった。89年の売買代金は80年の10・5倍、85年の5倍弱である。

そのなかで、個人投資家は持株比率20・5％に対して売買代金シェア30・3倍、外国人投資家は持株比率4・2％に対して売買代金シェア11・3％と活発な売買をしていたことがわかる。

バブル崩壊

（1）公定歩合の引き上げ

1989年（平成元年）12月29日、大納会の日経ダウ平均は3万8915円87銭、その日の高値3万8957円44銭と過去最高値を記録して越年した。

翌90年は「4万円超え近し」と期待する投資家が多いなかで、新年の大発会を迎えた。90年1月4日は、初値こそ前年末を上回って寄り付いたが、その日の引け値は2万8210円7銭安。1月末には前年末比1726円92銭（マイナス4・44％）安、そして90年の大納会の引け値は1万5067円16銭（マイナス38％）安の暴落となった。そして、2003年の7607円88銭の底値、13年4カ月続く下げ相場の始まりの年でもあった。

株価のピークアウトに先んじて日銀は公定歩合の引き上げに踏み切った。87年2月から2年3カ月の間、2・5％の低金利を据え置いた後、89年5月に3・25％、10月3・75％、12月4・25％に引き上げた。

さらに90年3月には5・25％、8月6・00％と矢継ぎ早に5回の引き上げを実施したことになる。

消費者物価上昇率は87年に0・1％、88年0・7％、89年2・4％なので、インフレといえるほどの状況ではない。

しかし、消費者物価は株価や不動産価格を反映していない。住宅や不動産など資産価値の上昇が賃貸価格等を通じて消費者物価に波及していくことを考えれば、金融引き締めへの転換はもっと早く検討する余地があったのではないか。

それはともかく、いったん火がついたバブル熱は簡単に消えるものではない。第1回の公定歩合引き上げから株価のピークまで7カ月かかった。

不動産価格は、さらにあと1年上げ続けた。もっとも東京都下の市街地価格指数は87年にピークアウトしていた。注意深く見ていれば不動産価格も深追いしなくて済んだはずだ。

(2) 需給関係の逆転

バブル最終局面のメインプレーヤーは特金・ファントラであり、証券、生保も片棒をかついだプレーヤーである。最後に出てきた投信もその一員である。

特金・ファントラに資金を提供したのは銀行であり、CB（転換社債型新株予約権付社債）・WB（新株引受権付社債＝ワラント債）であった。局面が変わると、これらが需給悪化の要因に変わる。

特金・ファントラは89年末47兆円の残高があったが、その後、解約が進み、91年9月末には30兆5000億円になっていた。

遅かれ早かれ残りの金額も解約され、市場の圧迫要因となる宿命にある。特金・ファントラはバランスシートでは現金預金に含まれているので、一般投資家には個々の企業の残高はわからない。

私は取材のため訪れた企業から「特金が○○○億円残っているが、どうすればいいか」という質問を受けることが多かった。私の答えは、「一時的な損失はやむを得ないが、全額解約してください」である。

ほとんどの企業は私のアドバイス通り、すぐに解約してくれた。オリンパスだけは例外で、その後も金額を増やし続けた。

特金・ファントラの資金源の一つであるＣＢ・ＷＢには償還期限がある。92年５兆５０００億円、93年９兆６０００億円、94年５兆９０００億円といった具合である。市況が良ければ借り換え債を発行できるが、このときは借り換えのできる状況ではなかった。銀行借り入れか、手許流動性の取り崩し、あるいは所有有価証券の売却などで償還資金を用意する。

バブル相場のピークで設定された投資信託。１９８８年17兆円、89年24兆円が設定された。大半は４年後に償還を迎える。新規設定はきわめて少額と見込まれていたので、大半の組み入れ株は92～93年に売却された。

長年の株高を支えてきた株式持ち合いも解消の方向に向かった。

土地神話の崩壊

金融政策の転換、株価の上昇にもかかわらず、地価は１９９０年（平成２年）初めにかけて上昇を続けた。

橋本龍太郎大蔵大臣の時代、90年3月27日に、行き過ぎた不動産価格の高騰を沈静化させることを目的に銀行局長から金融機関に通達が出された。

「**土地関連融資の抑制について**」という通達で、不動産向けの融資の伸び率を総貸出の伸び率以下に抑えるという内容である。特に融資が伸びていた不動産業・建設業・ノンバンクの3業種については融資の実態報告を求めるという行政指導が行われた。

ところが、この通達は予想以上の効果をもたらしたため1年9カ月後の91年12月には解除された。

解除後も地価の下落は止まらなかった。地価と株価はお互いに絡み合って下がり続ける。90年7月には「ブラックマンデー」で損失を出した特定の大口顧客に対し、山一、大和証券を含む10数社が、総額160億円を越える補填を行っていたことが、東京国税庁の調査で判明した。

91年6月には**野村證券**の法人損失160億円の穴埋め補填が発覚、野村證券の田淵社長が引責辞任、同じ頃、**日興証券**の岩崎社長も一連の不祥事の責任を取って辞任した。

証券界の騒ぎは治まらず、97年11月には**三洋証券**が会社更生法を申請、負債総額3736億円を抱えて事実上倒産した。
同年11月には**山一證券**が簿外債務2600億円の表面化で自主廃業を申請した。負債総額6兆7000億円、預かり資産24兆円の巨大証券会社の廃業であった。戦前、社長を務めた太田収を思い出してしまう出来事であった。

一方、銀行はバブル崩壊以降、巨額の不良債権を抱えながらも、損失の先送りを繰り返した。綻びの始まりは**住友銀行**が95年3月期に都銀で戦後初の赤字決算となったこと。不良債権8000億円を償却した上での決算である。

続いて**住宅金融専門会社（住専）**の処理損失8兆2000億円、**兵庫銀行、木津信用組合**への特別融資が実施された。97年11月には**北海道拓殖銀行**が自主再建を断念して、北洋銀行に営業譲渡。98年には**日本債券信用銀行**が特別公的管理（一時国有化）の後、売却されて**あおぞら銀行**となる。同じく**日本長期信用銀行**も特別公的管理の後に**新生銀行**となる。

98年には金融持株会社の設立が解禁された。銀行持株会社の下に銀行・証券会社・保険会社などが入る金融グループをつくることが可能になった。

この結果、**三菱フィナンシャルグループ**、**三井住友フィナンシャルグループ**、**みずほフィナンシャルグループ**の三大メガバンク体制が出来上がった。

不良債権処理の代償

ここまで来るのに不良債権処理の代償はあまりに大きかった。西野智彦氏（TBS総務局長）の著書『平成金融史』（中公新書）にはこう書かれている。

日銀などの調べでは、1993年3月期から2004年3月期までに全国銀行が負った不良債権の処分損は累計で93・6兆円。これに預金保険機構が負担した破綻金融機関向けの金銭贈与額18・6兆円を加え、総費用は112兆円、GDPの2割にも相当する。このうち国庫負担、つまり税金投入額は10・4兆円に達した。

2002年、メガバンク3社は不良債権処理を急ぐべく、それぞれ増資を行った。東京三菱が普通株3600億円、三井住友が優先株3000億円、みずほ銀行は優先株1兆1000

億円である。

不良債権問題は、融資をした銀行とともに、融資を受けた企業ないしは個人の問題でもある。私が会員となっていたゴルフ場は堅実な経営を行っていたが、バブルのピークの頃、みずほ銀行からの融資の話があった。「融資をするので、もうひとつゴルフ場をつくりませんか。会員権は高く売れるので、借入金はすぐに返済できますよ」と。

この話にゴルフ場の経営者は乗ってしまった。バブルが弾け、会員権は売れず、借入金だけが残った。銀行にとって、これも不良債権である。


この頃、竹中平蔵金融担当大臣のプロジェクトチームに元日銀マンの木村剛氏も加わっていた。木村氏がつくった「問題企業30社リスト」が話題になった。ダイエーやマイカルなど倒産した企業もあるが、その後に立ち直った企業も多い。いずれも過大な借金を抱えた企業群で貸したほうが悪いケース、借りたほうが悪いといえるケース、いろいろだった。

いずれにしても不良債権問題の解消は、株価・地価の下げ止まりの重要な要因のひとつであったことは間違いないだろう。

バブル崩壊後の経済対策

日経平均株価は１９８９年（平成元年）12月29日の３万８９１５円87銭をピークにして２００３年４月28日の７６０７円38銭まで13年４カ月にわたり80％強の下落となった。その間、中間反騰らしきものは３回あった。

１回目は92年８月18日の１万４３０９円41銭から94年６月13日の２万１５５２円81銭まで50％強の上昇、２回目は95年７月３日の１万４４８５円４銭から96年６月26日の２万２６６６円80銭まで56％の上昇のときである。

３回目は、98年10月９日の１万２８７９円97銭から２０００年４月12日の２万０８３３円21円まで61％上昇したときである。この３回目の上昇時はナスダック市場のＩＴバブルの影響を受け、日本でもＩＴ関連銘柄が集中的に買われていた。

バブル崩壊の局面にもかかわらず、景気上昇局面は２回あった。１回目は93年10月を谷にして97年５月まで43カ月、２回目は99年１月～２０００年11月まで22カ月の景気回復だった。

1回目の景気回復は、1~2回目の株価の中間反騰が、2回目の景気回復は3回目の株価の反騰が、それぞれ先行指標となった。そして、景気循環のドライバーのひとつが、以下にまとめた経済対策であった。

1990年代(92~99年)の経済対策

決定日	対策内容	事業規模
92・8・28	総合経済対策	10兆7000億円
93・4・13	総合経済対策	13兆2000億円
93・9・16	緊急経済対策	6兆1500億円
94・2・8	総合経済対策	15兆2500億円
95・4・14	緊急円高・経済対策	7兆7000億円
95・9・20	経済対策	14兆2200億円
98・4・24	総合経済対策	16兆6500億円
99・11・11	経済新生対策	18兆円

経済対策は、一時的な景気回復には寄与したのかもしれないが、不良債権の抜本的処理にはあまり役に立たなかったのかもしれない。

バブル後の株主分布

では、株主分布はどうなったのだろうか。1989年度（平成元年度）、2003年度、2018年度の3期の保有比率を見てみよう。

投資部門別の株式保有比率（単位：％）

年度	金融機関	投資信託	事業法人	個人	外国人投資家
1989	39・8	3・7	29・5	20・5	4・2
2003	30・8	3・7	21・6	20・5	21・8
2018	21・2	8・4	21・7	17・2	29・1

日本の株式市場は取引所再開以来一貫して、「個人が売り、金融機関と事業法人が買う」という仕組みが出来上がっていた。

バブルのピークである１９８９年度には金融機関と事業法人合わせて70％弱の株を所有し、両者とも安定株主と見なされていた。

ところが、バブルが崩壊した２００３年度にはこの両者の比率は52％に下がり、２０１８年度には43％まで下がっている。その受け皿になったのは主に外国人投資家であり、次いで日銀ＥＴＦ（上場投資信託）だった。

何が起こったのか。投資部門別に、その背景を分析してみよう。

株主分布の背景

（1）金融機関

保有比率を大きく下げたのは都銀・地銀と生命保険会社である。都銀・地銀は85年に20％を所有したが２０１８年度（平成30年度）末には３・１％に減少した。

生命保険会社も同じく12％から３％まで保有比率を下げた。きっかけは２００２年に日経平均が１万円の大台を割った頃、**金融システム安定化**の名目で日銀が銀行から２兆円の株式を買い取ったことにある。

銀行経営から株価変動リスクを切り離し、金融システム不安を和らげるのが目的と日銀は説明した。生命保険会社についても事情はほぼ同じである。その後も銀行・生保は持ち株を減らし続けている。日銀の説明は正論であるが、売却のタイミングは結果論だが最悪だったかもしれない。

（2）事業法人

持ち合い株式や投資有価証券の売却は進んでおり、2018年度も保有金額は11兆979億円減となっている。

相場の下落も保有額減少の一因となっている。一方、自社株買いによる自己株式も償却されない限り事業法人に計上され、18年度末で22兆4468億円、保有比率3・61％となっている。

（3）投資信託

2010年以来、投資信託には日銀ETFが加算されている。

当初は残高上限4500億円だったが、13年4月、黒田総裁の異次元緩和によって年間1兆円に増加した。2014年11月には約3兆円、16年7月には6兆円に増額された。

また16年3月には「設備投資および人材投資に積極的に取り組んでいる企業を支援するためのETF買入等に関する特則」が導入され、この枠で年間3000億円の買い入れが実施されている。

2020年3月末に日銀が保有しているETF残高は約30兆円となっている。また年間の買い入れ上限額は12兆円に拡大した。

(4) 個人投資家

個人株主数は増えているが、保有比率の趨勢低下の流れは止まらない。

全国4証券取引所上場会社の個人株主数は2002年度の3377万人から2018年度は5473万人と大幅に増えている。

その理由として、新規上場会社とその他の会社が個人株主数を増加させていると推測している。その他の会社については、NISA(ニーサ=少額投資非課税制度)をきっかけに幅広い世代の個人投資家が買い付けを行っていると推測している。

新規上場会社は、第一生命(2010年)、日本航空(12年)、日本郵政3社(15年)、JR九州(16年)、ソフトバンク(18年)等の大型上場があったことを個人株主数増加の要因として推測している。

ただし、株主数集計の技術的な問題には注意しておく必要がある。すなわち、各上場会社の株主数を単純に合計した延べ人数を用いているため、1人の株主が10銘柄を保有していれば、個人株主数10名とカウントしているということだ。

保有比率が下がり続けている背景には、新規上場株の払い込みのために手持ちの銘柄の売却代金を充てている投資家が多いという事情もあるようだ。

(5) 外国人投資家

バブル崩壊の過程で外国人投資家は日本株を買い始めた。2012年12月26日、第2次安倍内閣の発足とともに三本の矢(いわゆる**アベノミクス**)でデフレ不況から脱却を目指す政策を打ち出した。三本の矢とは大胆な金融政策、機動的な財政政策、民間投資を喚起する成長戦略のこと。

13年3月には安倍首相のいう大胆な金融政策に同意する黒田東彦氏が日銀総裁に就任した。そして彼は、量的・質的金融緩和を導入した。

これを好感した外国人投資家は13年に15兆円の日本株を買い付けた。彼らの持株比率は14年に31・7%と過去最高に達した後、18年には29・1%に若干減少している。

アベノミクスの成果を見極めようとしているのだろうか。一方で、社外取締役の導入などのコーポレート・ガバナンス、資本効率、株主還元などについても目を光らせている。

以上、投資部門の動向で、今後の株式市場を占う上で重要になるのは外国人投資家と日銀ETFの動向である。その動きからは目を離せない。

バブル後のまとめ

不良債権処理に一応の目途をつけた2003年（平成15年）、企業段階でもバブル期に膨らんだ過剰債務・過剰人員・過剰設備を適正水準まで調整するのを終わらせた。

日経ダウ平均も同年4月に7607円で底入れ、回復基調に向かった。

2007年7月まで4年3カ月の上昇相場の後、08年9月の**リーマンショック**で状況が一変。09年3月には7054円と安値を更新した。

その後、4年間の底固めを経てアベノミクスの三本の矢、黒田日銀総裁の量的・質的金融緩和が登場し、日銀のETF買い、外国人投資家の大量買いへとつながっていった。

日銀は消費者物価の前年比上昇率2%を約束したが、この黒田総裁の約束はこの原稿を書いている2020年4月現在、まだ達成されていない。

内閣府の発表によると、潜在成長率は3・8〜4・8%であったが、2006年以降、2019年まで0〜0・9%で推移している。

人口減少が進むなかで、全要素生産性をどれだけ上げられるかがポイントだが、厳しい環境が続くことは避けられない。

少しテクニカルな話になるが、13年4カ月の下げ相場の最初のボトムが2003年4月28日の7607円だった。そこから回復して2007年7月9日の1万8261円まで戻り、2009年3月10日、7054円でダブルボトム（二番底）をつけた形になっている。

底入れの形としては一番底だけで上昇に転ずるより、二番底をつけて上昇に転ずるほうが強いといわれている。人間でいえば一本足で立つより、二本足で立ったほうが安定するのと同じである。

なお、底入れの形としては、ほかに鍋底（ソーサー）、逆三尊型（ヘッドアンドショルダー）が典型的なものとされている。

底入れを確認した後、戦前のように、ある程度の幅で上げ下げを繰り返すのか、それとも戦後の高度成長期の右肩上がり相場になるのか、あるいは別の展開が待っているのか、じっくりと見極めていきたいものである。

日経ダウ平均が3万円の大台を越え、上昇傾向を持続するためには、それに見合う上場企業の利益成長が絶対条件である。日本株の30％弱を保有する外国人投資家は安定株主ではない。日本以上に有望な投資先が出てくれば、そちらに移っていくはずである。

日銀ＥＴＦは、現在のペースでの投資を続ければ、あと5〜7年で日本株の10％を保有することになる。

そのことの可否について議論がもっと盛り上がっていいのではないかと思う。

◇

この原稿を書いているのは２０２０年の４月である。本書の原稿を書き始めたのは２０１９年秋だが、この間、世界の状況は一変した。

いうまでもなく**「新型コロナウイルス」**の世界的な感染である。20年に予定されていた東京オリンピックも、21年の7月に延期された。といっても、21年夏までに終息するのかどうかは不明だ。

この件によって株式相場は大波乱局面に入った。20年1月半ばに2万4000円台にあった日経平均株価は、3月9日に2万円割れ、3月19日には1万6522円の安値をつけた。

もっとも私は、株式市場に10年サイクル（厳密には8～12年）があるという仮説を立てている。そして株価が天井をつけた後に不況がくる。いわゆる株価の先見性も高い確率で証明されている。

1989年の天井の後のバブル崩壊、2000年4月12日ピークの後のITバブル崩壊、07年7月9日の高値の後のリーマンショックがその例といえる。

実は18年1月23日に東証株価指数は天井をつけていた。日経平均株価も遅れて同年10月2日に天井をつけている。13年から始まったアベノミクス相場が終焉を迎えたことを意味すると考えてよい。売買高も13年以降、減少傾向にあった。

一方、日銀の景気判断は20年1月時点で「緩やかに拡大」とか「回復している」といった表現が使われていた。株価指数とはかなりのズレがある。同年4月9日の地域経済報告で全国9つの地域のすべてでようやく景気判断を引き下げた。

全地域の引き下げはリーマンショック直後09年1月以来、11年ぶりのことだ。政府、日銀の景気判断は鵜呑みにしてはいけないのだ。

中国当局が世界保健機関（WHO）に「武漢で原因不明の肺炎が広がっている」と報告したのは19年12月31日。20年1月7日には「新型コロナウイルス」と判明した。同年1月23日に武漢市が事実上の封鎖状態に入ったのである。

日本では1月6日に武漢から帰国した男性が日本最初のコロナ感染者となった。2月には大量のコロナ患者が発生したクルーズ船「ダイヤモンドプリンセス号」が、連日メディアの報道の対象となった。

この間、株式市場は2月中、比較的平穏な動きで推移していた。ニューヨーク・東京ともに平穏だった。

コロナ問題で株式市場が騒ぎ出したのは3月になってからだ。私は10年サイクルの下げ過程に入っていると考えていたので、クルーズ船騒ぎの頃からコロナが相場下落を加速させる要因になると見ていた。気になることがあれば、世間が騒いでなくても、自分一人でも突き詰めて考える習慣が重要ではないだろうか。

株価は将来の利益を反映して形成される。当面はコロナ問題もあり、しかも世界主要国に広がっていることもあって、1年先の利益予想も難しい状況にある。

しかし、見方を変えれば、こういうときこそ絶好の投資のチャンスが近づいているのかもしれない。

第3部

アナリストは会社のどこを見ているのか

1 大阪屋證券時代〔1960〜1978年〕

「三種の神器」が定着した頃の動き

第1部に記したように、私が証券会社に新卒入社したのは1960年（昭和35年）4月である。

終戦後の食糧難もほぼ解消の目途が立ち、国民の所得水準・消費水準も徐々に上がっていた頃だった。**「三種の神器」**というフレーズが流布したのもこの頃である。

「三種の神器」が揃ってくると、人々の関心は「住宅を持ちたい」という方向に向く。関西では大和ハウス、積水ハウス、永大産業が競い合い、いわゆる「プレハブ住宅」という新しい産業を立ち上げた。

大和ハウス

「プレハブ住宅」の先陣を切ったのは大和ハウスである。設立は1955年（昭和30年）、材木どころの奈良県吉野出身の石橋信夫社長は、独創的なアイデアマンで猛烈精神の持ち主だった。組立パイプハウスからミゼットハウス、鋼管構造建築と手を広げ、63年から鉄骨系プレハブ住宅「大和ハウス」を本格発売する。土地部門進出でも業界に先駆けた。

株式上場は61年、上場後は証券会社の幹部やアナリストを集めて工場見学会を催し、将来の夢を語る姿が記憶に残っている。日頃の経営状況については、五百蔵専務に取材することができた。

プレハブ部門は63年3月期に黒字転換、その後の利益は急成長する。株価は65年から69年までの4年間で60倍に上昇、値上がり率としては、このときが最高である。

92年、石橋信夫氏の甥で3代目社長の石橋毅一《しゅんいち》氏に取材の機会を得た。信夫氏とはまた違った温厚な方で、当方の質問に誠実に答えてくれた。当時はバブル崩壊後で多くの会社が不良債権・不良資産を抱えていたが、毅一氏は懇切丁寧な説明で不安を解消してくれた。

また、今後の経営について、温厚な人柄に似合わず情熱的な戦略を聞かせてくれた。

バブル崩壊後でもあり、株価は250円前後と超安値に放置されていたので大量に仕込むことができた。

積水ハウス

設立は1960年（昭和35年）、株式上場は70年、大和ハウスに比べると9年遅れの上場だった。大和ハウスの上場はプレハブ住宅の成長性について世間の評価が定まってない頃であったため初値が安くつき、その後の値上がりは大幅なものとなった。

積水ハウスは、プレハブ住宅の成長性に対する認識が深まったときだけに初値が高くついた。その後の業績の伸びに伴って株価は上がっていったが、大和ハウスほどではなかった。

会社の設立は積水化学のハウス事業部がチッソ、旭化成など旧日本窒素や取引先の共同出資を得て独立したという経緯がある。その積水化学、旭化成が後に住宅部門に進出し、それぞれが大手の一角を占めて現在に至っている。

上場直後、田鍋健社長に取材の機会を得た。石橋信夫氏のような猛烈精神は感じられなかった。それでも住宅分野では後発メーカーが出てくるなかで、大和ハウスと並んで2強の存在感をキープ。近年は住宅着工が落ち込むなかで両社とも多角化に注力している。この点では大和ハウスのほうが先行している。

オンワード（旧・樫山）

私が社会に出たとき、背広をつくる必要があった。当時はオーダーメイドの洋服屋か百貨店で注文するのが普通であったが、新入社員にとっては高すぎる。大阪・本町の繊維問屋街で、個人にも売ってくれる店を紹介してもらって注文したのが1万5000円。初任給1万3000円の時代である。

同社は1961年（昭和36年）10月に上場。取材を申し込んだら林専務が対応してくれた。当時の株価は200円だった。創業者の樫山純三氏が勤務していた三越を辞め、スポーツウェアの製造卸売りを始めた。戦後、紳士既製服の量産に取り組み「オンワード」ブランドを普及させている。全国有名デパートの売り場を確保し、このルートを通ずる販売が当初は全体の7割強を占めた。その後、チェーンストアなど販売ルートの多様化を進めている。

紳士既製服は消費者にとって待ち望んだ分野だけに業績は急上昇。株価は訪問時の200円から1972年には950円まで上った。

その後、婦人服にも進出、「23区」「組曲」などのブランドを確立した。ただファッション性の高い製品が増えるにつれ業績の安定性を欠くようになっている。

東洋建設

1929年（昭和4年）、山下汽船と満州鉄道の共同出資により阪神築港として設立。大阪と神戸の中間に位置する西宮市鳴尾浜を埋め立てて大工業地帯をつくるために設立された。しかし日中戦争の頃から太平洋戦争にかけて中断があり、完成を見たのは1970年後半である。40年余にわたる大事業だった。

私が同社を訪問したのは、ほぼ完成の目途が立った頃である。取材に応じてくれた芳村有二専務（後に社長）はこの辺の事情を詳しく説明してくれた。

埋め立て面積144ヘクタール、まだ地価公示制度のない時代であるが周辺の取引事例から計算すると数百億円の含み資産になる。これに株主資本を加えると1株当たりの実質正味資産は550円。そのときの株価は250円だったから2倍強の株価は正当化される。

こういった説明を投信運用者や営業マンにすると、みんな納得して買ってくれた。株価は予想通り550円になった。

埋め立て工事代金を支払う現金がなく、埋め立て地で支払うという例はほかにもある。三井不動産が1958年に進出した浚渫《しゅんせつ》事業で千葉県から臨海地帯の土地造成や宅地造成を請負ったが、千葉県に予算がなかったため、工事代金を埋立地で受け取ったと伝えられる。

ニチコン（旧・日本コンデンサ）

電子部品企業は比較的若い会社が多い。大手のうち戦前の設立はTDK（当初は東京電気化学工業）だけ。株式上場もニチコン（当初は日本コンデンサ）が1961年（昭和36年）10月、TDKが同年12月、村田製作所63年3月、太陽誘電70年3月、日本ケミコン同年4月、京セラ（京都セラミック）71年10月、ローム83年4月、日本電産88年11月と、おおむね遅かった。京都に本社を置く企業が多かったのも特色である。

上場第1号となったニチコンにさっそくアポをとって訪問した。社長室は畳の上に事務机を置いた部屋で、90歳を超えた平井嘉一郎社長が対応してくれた。「3C（カー、クーラー、カラーテレビ）」の普及を控え、民生用の見通しは明るかった。加えて、電力用も堅調。韓国・台湾・シンガポールなどへの進出を計画していた。

当初の株価は350円。比較すべき同業他社はなかったが、市場平均の企業価値と比較しても目標株価として700円はあってよいとして薦めた。この目標値は半年くらいで達成したが、いかんせん部品会社の宿命で一本調子の成長とはいかなかった。企業業績・株価ともその後、ボラティリティー（Volatility＝価格の変動性）の大きい動きをすることになる。

SUBARU（旧・富士重工業）

1962年（昭和37年）、富士重工業を訪問した。戦前は中島飛行機として軍用機を造っていたが、戦後は12社に分割、その中の5社が合同して技術を受け継いだのが同社である。船外機エンジン、鉄道車両、バス、スクーターなど幅広く手がけていた。訪問したのは、防衛庁にヘリコプターを納入し、軽乗用車スバル360に力を入れ始めた頃だった。

額面500円で配当は年50円。株価500円、配当利回り10％。この頃はPERという考え方はなかったが、今試算すると3倍強と超割安な水準だった。

会社側も株価水準について特に関心はなかった。私が系列の投資信託会社に買わせ、個人投資家にも薦めたところ、数カ月で1460円まで上がった。その後、額面を500円から50円に変更、企業価値には影響ないが、市場での取引はしやすくなり、マイカーブームの到来とともに大化け銘柄の仲間入りを果たした。

本田技研工業

オートバイ業界のセクターレポートを書いたことがある。当時、オートバイメーカーはホンダ・ヤマハ・川崎重工・スズキ・目黒製作所・山口自転車と群雄割拠の状態だった。私は各社を訪問、取材をしたのだが、その結果「オートバイ業界の競争は終わった。勝ち残りは本田とヤマハの2社」のタイトルでレポートを書いた。

本田の財務部主任・小佐野さんにこのレポートを届けておいたところ、「藤澤武夫副社長が翌日の講演会であなたのレポートのことを話題として取り上げましたよ」と言ってくれた。

この後、財務部の課長・部長ともお会いしたが、3人とも質問に対して同じ答えが返ってきた。主任だから頼りないということはまったくなく、社員全員が社長・副社長を信頼している会社だなと思った。

ソニーとホンダは戦後の成長株の代表銘柄として投資家の間に伝えられている。

ホンダは1946年（昭和21年）に本田宗一郎氏が設立、町工場で自転車に小型エンジンをつけたものが最初の製品だった。本田社長の技術と藤沢副社長の経営のコンビネーションで世界一の二輪車メーカーとなった。

株式上場は1957年で、60年には100倍になった。私が取材で訪れたときは、四輪車に進出という噂が市場に流れていたときで「ホンダが四輪に出て大丈夫か?」と懸念する声もあり、株価は200~300円で調整段階にあった。

その後、四輪車への進出は大成功で、株価も88年には1000倍。現在は5000倍となっている。73年、本田社長65歳、藤沢副社長61歳で同時引退。引き際の見事さは今に語り伝えられている。

マキタ(旧・マキタ電機製作所)

世の中が東京オリンピックに沸いている頃、私は調査部名古屋駐在として働いていた。アナリスト1名、秘書1名という体制で、アイデア交換する仲間はいなかった。そこで日本経済新聞社と東洋経済新報社の証券担当記者と時々、情報交換をしていた。

ある日、「マキタ電機は面白いよ」という情報を得た。会社に帰ってさっそく電話をかけ、「マキタの社長にお会いしたい」と伝えると、後藤十次郎社長が電話に出て「明朝8時にいらっしゃい」と言われた。

後藤氏は1955年(昭和30年)、創業者の牧田茂三郎氏から社長の座を譲り受け、「モーターの会社」から「電動工具の企業」へと変貌させた。

一見、温厚に見えるが、経営者としては信念の人であったといえる。電動工具一本で世界一を目指す、実質無借金経営を貫くという考えは、50年経っても息子の昌彦氏、孫の宗利氏に引き継がれ、今も守られている。

訪問時、すでに電動工具ではトップシェアを持ち、国内全域に強力な販売網を築き上げ、欧米諸国にも現地法人をつくり始めていた。

同じく電動工具をつくっていた松下電器産業の松下幸之助氏が、同社の工場を見て「マキタには敵《かな》わないから松下はやめる」と言って帰ったそうだ。

「売上の5％を毎月、貯金している」とも言っていた。成長意欲は強いが、借金をしてまで成長を急ぐことはしない。堅実経営を守りながらの成長を目指すという意味である。

この日、8時から12時までは社長から前述のような話を聞かせてもらった。午後は1時から5時まで社長自らの案内で工場を見学、説明してもらった。

丸一日かけて会社の説明を聞き、工場見学をした会社はたくさんあるが、社長が付きっきりで案内してくれた会社はマキタだけである。このときの本社屋・工場とも建物は簡素だが、工場内の機械は最新のものが整然と並んでいた。

このとき、マキタは名証二部単独上場。私が訪問した半年後に156円の安値をつけた。配当は年間10円、配当利回り6・4％、PER1・1倍、しかも成長ポテンシャルはたっぷりある。

大手証券の電気機器担当アナリストはカバーするビッグネームの会社が多くて、マキタまで訪問する人はいなかったのだと思われる。私は200円以下で営業マンを通して個人投資家に買ってもらった。もちろん、系列の投資信託にも買ってもらった。4年後の1969年には2770円になり、その後もご承知の通り大化けした。

後日談になるが、フィデリティ入社後の80年頃、後継社長となった後藤昌彦氏（現会長）にアポをもらって本社を訪問した。売上・利益とも約20倍に大きくなっていたが、本社屋はそのまま。受付がないので総務部へ行き、作業服を着たおじさんに「社長にアポをもらっているのですが」と来意を告げると「私です」と言われた。その後のインタビューでも、先代十次郎社長の経営方針が受け継がれていることを確認して安心した。

オークマ（旧・大隈鐵工所）

1965年（昭和40年）、名古屋の大隈鐵工所を訪問した。旋盤の大手であり、名門である。

ところが、取材に行ったときに社員が玄関先で草取りをしていた。

62年3月期に売上48億円、当期利益11億円を上げていたのが、65年9月中間決算では売上17億円で赤字決算となった。財務課長に取材したが、「受注回復の見通しはまったく立たない」という話であった。

取材の数日後、株価は41円の最安値をつけた。ところが2〜3カ月後に100円、3年後には321円と急回復した。取材後、この株は買えないと報告したが、結果は大失敗。取材の仕方について大いに反省した。

株価だけでなく売上・利益とも次の決算期から回復に向かった。工作機械の会社については、財務からの取材だけでは不十分ということであろう。後に北島専務と頻繁にお会いすることになる。管理本部長であるとともに営業の動向、大口顧客の動向にも通じており、大局の見方をほぼ適確に聞かせてくれた。取材相手の選択がいかに大事かという教訓であった。

任天堂

外国人投資家の日本株投資が活発化する兆しが見え始めた1971年（昭和46年）、私はアナリストとして外国部に異動になった。前述したように外国人投資家向け企業レポートの作成と投資家訪問が主な役目だった。

最初のレポートは所属する証券会社が大阪本社だったことで、「関西の企業から選んでほしい」という仲間の希望があった。

そこで、任天堂を取り上げることにした。1962年に大証二部と京都証券取引所に上場したばかりで、東京での知名度は低かった。知っている人も、花札やトランプなどのカードメーカーとして、である。

実は前年、私は任天堂の工場見学と山内溥社長のお話を聞く機会を持っていた。山内氏は22歳で社長に就任し53年間にわたって会社を大飛躍させたカリスマ経営者であるが、そのときはまだ41歳であった。

国民所得の上昇と消費生活の向上が続くと見て、同社のビジネスモデルを大きく変身させるとの意欲を語ってくれた。当時、玩具屋に並んでいる玩具は100円~200円のものばかりだった頃、任天堂は3000円の光線銃を発売して関心を集めていた。

認知度不足もあって、株価は360円前後で放置されている。レポートを読んでも十分には理解してもらえなかったが、訪問して説明すると関心を寄せてくれるようになった。後日、ヒット商品が出てくるにつれ、買い注文を出してくれる投資家が増えてきた。

その後、1980年4月に「ゲーム&ウォッチ」を発売。81年7月にアーケード版「ドンキーコング」が稼働を開始し、「マリオ」が登場。83年には家庭用ゲーム機「ファミリーコンピュータ」を発売。85年9月にファミコン用ソフト「スーパーマリオブラザーズ」発売。

山内社長との取材時にこうした展開までわかっていたわけではないが、任天堂が大きく変わるという直感を受け、そのままレポートを書いた。こういうやり方も証券アナリストに許されていいのではないだろうか。その後の株価は周知の通りである。

ファナック

1976年（昭和51年）東証二部に上場した。その直前、外資系投資顧問会社にアポ取りを頼まれたので、山梨県忍野村にある本社を一緒に訪問した。吉田管理部長が親切に対応してくれた。

最初に工場を見せてもらった。清潔・整頓という言葉がふさわしい工場でNC（数値制御）装置のラインが動いていた。ラインの横にはロボットが配置され、人影はほとんど見えなかった。

吉田部長の話によると、NC装置はマキノマライスほかごく一部の工作機械メーカーに納入されただけ。今後、ほぼすべての工作機械メーカーに採用されるだろう。ロボットは74年に自社用として開発導入されたが、近いうちに量産開始を予定しているとのことだった。

帰社後、欧州・香港の投資家にも積極的に買いを薦めた。上場した76年の株価は635〜787円であったが、2年後の78年には2980円、85年には1万3830円と上場時の約20倍に大化けした。

現在は海外売上が80％を超えており、それだけ世界景気の影響も受けやすくなっている。

2 フィデリティ時代①〔1978～1989年〕

イトーヨーカドー

1960年代の成長産業として総合スーパーがあり、その代表企業としてダイエーを取り上げようと思ったが、イトーヨーカドーと比較しながら説明したほうが、わかりやすい。

会社の独身寮があった大阪府豊中市庄内にダイエーの店舗がオープンした。それまで買い物は百貨店か近所のパパママ・ストアを利用していたが、いきなり何でも揃うスーパーがやってきたのだ。

開店の日はエスカレーター乗り場のところで中内功社長が来店客に挨拶をしていた。食品・衣料品だけでなく家電・家具・書籍など百貨店に負けない品揃えがされていた。ダイエーは比較的地価の安いところに出店する。出店すると人通りが増えるので周辺に小売店の出店が増える。そして地価が上がる。その土地を担保に借り入れをして次の出店をする。

イトーヨーカドーも時代の流れに取り残されないために、チェーン展開を進めていた。

伊藤雅俊社長の堅実な性格を反映して、土地は借地方式で出店することが多かった。ダイエーが全国展開を急いだのに対し、イトーヨーカドーはドミナント戦略を守った。結果、財務戦略で決定的な差がつき、経営効率でもイトーヨーカドーが優位を維持してきた。

イトーヨーカドーの株価は１９７２年（昭和47年）９月の１０００円から翌73年7月、１部指定換えになったときの３２８０円と、１年足らずで3倍強に値上がりした。そのときのＰＥＲは約30倍。その後も利益は伸びたが、株価は利益の伸びに追随できなかった。

私が運用を始めた78年以降も相対的な株価は十分に期待に応えてくれるものではなかった。その背景は出店競争の激化とカテゴリーキラーの出現である。後者については食品スーパー、衣料チェーン、家電チェーン、ニトリ、ＡＢＣマート等々の出現が挙げられる。今後についてはネットショッピングとの影響も考えていく必要がある。

セブン‐イレブン

小売り株の中で株式上場から上げ続け、バブル崩壊の中でもポートフォリオのパフォーマンスに貢献してくれたのはセブン‐イレブンである。東証二部上場が１９７９年（昭和54年）

10月、株価1800円から始まった。1999年には1万8290円に達したが、大幅な株式分割を繰り返していたので実質的な値上がり率は389倍だった。

IRにも熱心な企業だった。私がフィデリティに入社して間もなく、鎌田取締役が来てくれて、ビジネスモデルの説明を聞いた。その後、大石取締役、氏家専務に引き継いでくれた。創業者の鈴木敏文氏にも年に1回は取材の時間をもらい、会社の進む方向性を確認できたので、安心して株式を持ち続けることができた。

コンビニエンス・ストアは、鈴木敏文氏がアメリカから持ち込んだ日本で初めてのビジネスモデルである。その後、ローソン、ファミリーマートなど競争相手が出てきたが、日販で未だに大きい差をつけている。物販だけでなく、東京電力・東京ガスの料金収納業務やNHKの「受信料継続振り込み取り扱い」など幅広い業務も取り扱い、業界をリードしてきた。

上場翌年の1980年に国内1000店を達成。2003年に1万店、18年に2万店を達成した。海外でも16カ国、6万店を展開している。

05年にイトーヨーカドーと合併してセブン&アイとなり、ピュアなコンビニ会社への投資ができなくなったことは投資家としては淋しい。

第一三共（旧・三共）

第一製薬と合併前の三共に開発中の有望な新薬があると聞いて訪問した。会ってくれたのは川口副社長だった。

期待の新薬は後に「メバロチン」として世界で受け入れられた高脂血症治療薬である。１９８０年（昭和55年）、前臨床試験の段階で、世に出るかどうかは未知数の段階にあった。その頃の三共の株価は３００円だった。第一期試験の開始が84年3月で、5月には完了した。証券アナリストの間でも関心を示す人はほとんどなく、説明会を開いても集まったのは10人から15人程度。質問をしたのは私だけであった。翌85年4月には第Ⅱ相臨床試験を開始、同年5月にはブリストル・マイヤーズスクイブ社と共同開発に関するライセンス契約を締結した。

87年9月には第Ⅲ相臨床試験を完了。この頃になると三共の大会議室には補助椅子が必要になるほどアナリストが詰めかけた。ただ、株価はこの新薬の材料を60～70％折り込んでいたので「今頃来ても遅いぞ」と私は内心思っていた。

89年3月に製造承認、8月薬価決定、12月発売と順調に進んでいった。薬価は新規性が高く評価され、従来の高脂血症薬の2倍以上の薬価が薬価収載時に設定される。

私の調査開始時点で売上1000億円強の大型新薬として注目してきたが、基本特許切れ直前の2003年の国内売上1018億円、輸出983億円、その他53億円で合計2054億円に達した。ライセンス契約先のブリストル・マイヤーズスクイブ社の売上を合わせた03年の売上は4746億円に達した。

なお、国内の年商ピークは98年度の1288億円だった。

株価は80年の300円が89年には2752円に大化けし、バブル崩壊で暴落中の株式市場の中でも逆行高を演じ、97年には4430円まで上昇した。

三井不動産

1980年（昭和55年）6月に訪問した。美野川慶一経理部長が興味ある話を聞かせてくれた。その頃の大手不動産会社は50円額面の株式に6円の配当を継続し、1株利益は12～13円を計上していた。それ以上の利益が出そうな時は借入金をして土地を買っておく。その支払利息で1株利益は12～13円に抑えられるという経営をしていた。

ところが、美野川部長は「これからは1株当たり利益を20～30円に増やし株価を上げます」と話していた。株価を上げて公募増資をし、借入金は増やさないというわけだ。

その背景は2つある。1つは企業公害問題が社会問題化するにつれ、多くの企業が工場を都内から郊外に移し始めたことだ。三井不動産の会長であり、三井グループの指導的役割を果たしていた江戸英雄氏が、郊外に移った三井グループ企業の工場跡地をマンション用地として買い取った。

背景の2つ目は、外資系金融機関の東京進出が活発化し始めたことである。結果、オフィスビルの需要が増え始めていた。

以上の2つの背景で、オフィスビルとマンションの建築を加速化させる必要があった。そのための資金需要増加に対応を急ぎ始めたところだった。

この後、住友不動産の秋山常務にも取材したが、同じような状況認識と対応策を講じていると話してくれた。これがその後にくるバブルの前兆とまでは気づかなかったが、大手不動産にフォローの風が吹いてきていることは確信できた。三井不動産でいえば、83年頃までは600円台で十分なポジションをつくることができた。89年の高値は3390円である。三菱地所・住友不動産もほとんど同じ動きだった。

東京電力

定期的に訪問している会社の中に東京電力がある。藤塚経理副部長が主に対応してくれた。500円額面で株価は850〜1000円、配当50円だから、株価1000円としても配当利回りは約5%、1株当たり純資産も約1000円。下値リスクはほとんどない。現在のような原発事故のリスクもない。

1983年（昭和58年）に訪問したところ、原油安・円高・低金利のトリプルメリットが期待できるという話を聞いた。大きい上値期待を持ったわけではないが、1000円弱で買っておいた。

ところが、84年後半から東京電力株が急に上がり始めた。マーケット全体が含み資産株相場に移り始めたなかで、先にも述べたように、東京電力が豊洲に広大な土地を持っているという話が流れてきた。調べてみると確かに発電機4〜5台と変電所用に広大な土地がある。念のため東京ガスも調べてみると、同社も豊洲に広大な土地を所有していた。マーケットが所有地の含み価値を評価するのならば、と200円前後で大量に買い付けた。

その後、野村證券主導でウォーターフロント相場が展開された。その中心に東京湾岸に広大な土地を所有するＩＨＩ・東京ガス・日本鋼管が「御三家」と呼ばれ、マーケットをリードした。企業業績よりも土地の含み益を評価するマーケットは、証券アナリストとしては満足感を味わえるものではないが、ポートフォリオのパフォーマンスに貢献してくれることは資金を預けてくれた投資家には喜んでもらえた。

結果、１０００円前後で買った東京電力は９４２０円、２００円前後で買った東京ガスは１５９０円の高値をつけた。両社ともこの高値は、今後はないかもしれない。

レオパレス21

バブルが崩壊し始めた１９９０年（平成2年）、創業者で当時の社長である深山祐助氏を取材した。株価は歴史的高値の１万円台であった。

１時間ほど強気の戦略を聞いた。私は内心、無理な経営戦略だと思いながら、反論もせず貴重な時間を割いていただいたお礼を述べて帰ろうとした。ところが、そこで突然「来週３割の無償増資をする」と言ったのである。

そのまま席を立って会社を出たのだが、帰路に考えを巡らせた。私に同社株を買わせようという意図だったのか。どちらにしてもインサイダー情報である。翌週、３割無償増資は発表されたのだが、意図はどうであれ、社長が口にしてはいけないことである。品格を疑う問題と思った。

最近、手抜き工事が社会問題として取り上げられているが、私としては「やっぱりな」という思いである。

創業者の考え方が残念ながら企業体質に出てしまった会社の一例ではないだろうか。

3 フィデリティ時代②〔1990〜2000年〕

バブル崩壊後の動き

1989年（平成元年）で私の運用していた米国年金の日本部分はすべて撤退。バブル崩壊1年目の90年は、日経平均株価が38・7％安と暴落した。私はワールドファンドの日本部分を運用した。運用資産が小さかったので、中小型株をコアに据えることによって暴落市場の中でもファンドのパフォーマンスは悪くなかった。この年の値上がりトップ、115％高のセガ、84％高の島野工業を組み入れることができたからである。

セガ

1988年（昭和63年）に東証二部に上場したが、含み資産株相場には乗れず株価は低迷していた。

業務用ゲーム機は安定したビジネスとして業績を支え、家庭用ゲーム機とソフトが国内とアメリカで伸び始めていた。逆風下の90年だけで株価は2倍強、89年の安値1122円に対して93年の高値1万1500円と10・2倍強に大化けした。

中山隼雄社長と中村常務から業況は随時、聞かせてもらっていたが、家庭用ゲーム機との競争に勝てず失速。2000年には株価690円まで下がり、04年にサミーと合併してセガサミーとなった。ポートフォリオからは1年弱で消滅した。

しまむら

最初は後藤専務、2回目からは藤原秀次郎社長に取材させてもらっている。

衣料品のチェーンストアとしてイオン、イトーヨーカドーの衣料品売上と並ぶ位置にある。創業者で初代社長の島村恒俊氏（53〜90年）の跡を継いだ2代目社長の藤原秀次郎氏（90〜2000年）がチェーン展開の基礎を築いた。

島村氏と藤原氏は「所有と経営の分離」の見本として評された。当時の店舗数は100店。10年後の700店舗までの出店戦略を教えてもらった。業務のマニュアルを整備し、即戦力として働いてもらえる体制を取っていた。優秀なパートさんは店長として抜擢されていた。

目標の700店は予定通り達成され、現在はしまむら業態だけで1400店強、別業態を含めると2000店を突破している。88年12月に東証二部上場、91年8月に一部銘柄に指定された。

私は市場暴落下の90年に3000円台で買ったが、同年8月には6800円の高値をつけ、その後の成長まで折り込んでしまった。

JFEスチール（旧・川崎製鉄）と日本製鉄（旧・新日本製鐵）

両社ともバブル相場では準主役の位置づけにあった。それだけに、説明会を開くと両社とも100人前後のアナリストやファンドマネジャーが集まった。

彼らの大半はバブル相場の再来を期待しており、会社側も期待に応える説明を行って、会場は盛り上がっていた。

バブル相場は終わっていると考える私の賛同者はごく少数派であった。下げ相場の勢いを和らげるには自社株買いが有効と考えていた私は、質疑応答の時間に質問した。

このくだりは第1部でも少し触れたが、大量の持ち合い株を抱えていた川崎製鉄の宮崎常務や新日本製鐵の今井敬副社長に、「持ち合い株を売って、その資金で自社株買いをしてください」と提案したが、両者とも「長年持ち合っている企業の株を売れるはずがない」という主旨で拒否された。

経済界を代表する両社だけに、あのとき私の提案を前向きに検討してくれていれば、持ち合い解消・自社株買いは産業界全体にもっと速く進んだのではないだろうか。

トヨタ自動車

東海道新幹線の三河安城駅で降り、タクシーで約30分。豊田市トヨタ町にあるトヨタの本社を訪ねたのが1995年（平成7年）2月。経営戦略を練るキーマンである浦西徳一経営企画部副部長（のちの副社長）にアポをもらっていた。

日本の乗用車が90年994万台のピークをつけた後、95年に761万台まで落ち込んでいたときである。そして、93年に発足した米国ビル・クリントン政権と宮沢政権との間で日米包括協議が進められており、結果としては95年6月に最終合意に至った。私が訪問したのは、その4カ月前という微妙な時期だった。

トヨタとしては最終合意の直前、3月に「新国際ビジネスプラン」のファイナルレポートを発表した。骨子は「現地化の推進」と「輸入の拡大」。94年の国内生産2776万9000台に対して海外生産は135万3000台だった。このうち北米での生産は73万5000台である。

新国際ビジネスプランの発表以降、トヨタの海外生産は急速に伸び、成長のドライバーとなった。2005年には海外生産が国内生産を上回り、その後、海外生産に重点を置いた企業へと変わっていった。もっとも、そのときの浦西さんによると、国内生産300万台+αは維持していくという説明だった。この点は今も変わりないはずである。

このときの訪問で「VE（バリュー・エンジニアリング）に重点を置く」という話が出た。新車開発でいかにコストを下げられるか、具体的にはプラットフォームの共通化、部品の共通化が挙げられる。今聞けば珍しいことではないが、当時としては初めて聞く言葉だった。年間1500億円のコスト引き下げ効果を目指したが、予想以上にうまくいっているということであった。

これらの話は鈴木武経理部長（のちの専務取締役）がフォローアップしてくれた。バブルの反動不況がますます深刻化する時期ではあったが、トヨタはいち早く成長路線に戻れるとの確信を持った。

株価はバブル時の1988年の3030円から、バブル崩壊後の92年3月の1260円で大底をつけていた。訪問時の95年も２０００円以下でポジションをつくることができた。２０００年に５８００円、２０１５年に８７８３円と、大型株の割には、投資効率は良かったといえる。

ＳＭＣ

工場の自動化設備の空気圧制御機器メーカーである。１９９３年（平成5年）に高田芳行社長（現・会長）、丸山勝徳取締役（現・社長）にお目にかかった。

95年の筑波工場と技術センターの見学会に参加したが、これは野村證券の主催によるものだった。この見学会で製造工程の詳細を理解し、同社の長期的な経営戦略も明確になった。

87年東証二部に上場、89年に一部に指定換えになったばかりで、株式市場での知名度はまだ高くなかった。

国内では5割を超えるマーケットシェアを持ち、海外ではそれぞれの地域で最低26％のシェア獲得を目指していた。そのため本来必要な営業社員に加えて新規顧客開拓用に10名を配置する体制を取った。また、マスプロができない多品種の製品を短納期で納めるため、十分な在庫を持つという差別化戦略を取っていた。

シェアアップのための積極的セールと短納期実現のための在庫戦略の結果、現在では世界83カ国に500の営業拠点を持ち、世界シェア3割を確保したといわれている。経営学的には過剰人員・過剰在庫といわれながら、それを逆手にとった成長戦略が、その後の結果として証明されたのである。

株価は93年に平均2300円で取得したが、99年には2万4000円、2018年には5万円台まで上昇した。

HOYA

「コーポレート・ガバナンス」という言葉は今では上場企業なら当たり前のことだが、私の知る限り最初に実行したのはHOYAである。

まずは、社外取締役制度の導入。最初の社内取締役を3名にして、社外取締役を同数ないしそれ以上からスタートした。現在では、社内取締役1名、社外取締役6名となっている。四半期ごとの連結決算発表も他社に先駆けて踏み切った。次いで指名委員会、報酬委員会など委員会等設置会社にも移行した。

事業の選択と集中にも取り組んだ。①クリスタル等の低採算部門の分社化・撤退、②メガネレンズの生産をタイ工場へ、③高採算成長製品（ガラス磁気メモリーディスク、眼内レンズ、LCD関連）に集中投資した。その結果、早期退職制度によって従業員数は単体で3000人から2000人に、連結で9000人から7500人にスリム化した。懇意にしていたIR部長も「条件が良かったので」と言って退職した。

私はその後、シンガポール工場や長坂工場を見学させてもらった。頻繁に取材に応じてくれた山中衛社長、江間常務はその後の成長戦略づくりに取り組むことになる。最初に訪問した94年（平成6年）の株価は2000円前後だったが、2000年には高値1万1900円をつけた。

ダイキン工業

バブルのピーク前後、機械会社は競って工場の新設・増設を行った。アマダは本社工場で商談に来た取引先に客室・ジムまで用意した。

森精機は奈良工場を新設、ダイキンは滋賀工場を新設。いずれも完成した頃には閑古鳥が鳴く状況だった。ダイキンの場合はバブル経済の崩壊に加えて円高、冷夏のトリプルパンチを受け、1990年度（平成2年度）320億円に達した経常利益が93年度には赤字に転落した。株価は、89年12月に2220円の高値をつけた後、92年8月に582円の安値をつけ、これが絶好の買い場であったが、私は見逃してしまった。

しかし、97年に松居副社長、98年に岡野幸義常務（のち社長）、岡野財務部長（のち常務取締役）の説明を聞いて、ダイキンを「日本の有力メーカー」から「世界を代表する総合力ある専門メーカー」にするための方向づけが理解できた。元来、同社はパッケージエアコンに重点を置いており、プロ店ルートでの販売が70％（業界全体は28％）という特色があった。

この時期に常務会で「空調改革計画」が決定。その内容は第一に、パッケージエアコンに加えてルームエアコン、セントラル空調の3本柱を重視する。第二に、国内・海外という二極思考ではなく、世界4極（日本・アジア・ヨーロッパ・アメリカ）を見据えた商品別グローバル戦略に転換。第三に差別性・独自性のある商品開発を促進、第四に営業体制の転換、強みのあるプロ店ルートに加え、量販店ルート・ハウジングルートを重点攻略分野とした。

なかでも世界四極を見据えた海外戦略が功を奏した。連結ベースでの海外売上比率は97年度の27％から直近では76％に上昇している。

97〜98年の株価は2000円〜2500円のレベルにあったが、2018年には1万5000円台と業績伸長を反映した水準にある。

武田薬品

この銘柄は私のアイデアによるものではない。後輩のアナリストでプロジェクト・マネジャーだった石橋洋子さんが見つけてきた銘柄である。私自身も何回か取材に同行させてもらった。1995年（平成7年）に高原企画室長、96年5月にR＆D（研究開発）担当の藤野政彦専務、同年11月に武田国男社長の取材ができた。

同社は伝統的に武田家の長男が社長に就くことになっていた。80年2月、社長になるはずであった長男で、副社長の彰郎氏が3日早朝、ジョギング中に倒れ、46歳の若さで急逝された。そのとき三男で社長になるはずのなかった国男氏は米国合弁会社の一課長であった。93年、その国男氏が社長に就任、大仕事をやってのける。

武田国男社長は、グローバルな研究開発型企業を目指した。父が多角化した動物向け医薬品・ビタミン・食品・化学品・農薬などを切り離し、「選択と集中」で経営資源を医薬品に集中した。

幸い、前立腺がん治療薬「リュープリン」、消化性潰瘍治療薬「タケプロン」、糖尿病治療薬「アクトス」、高血圧症治療薬「プロブレス」が80年代後半から90年代にかけて世界で承認され、いずれも売上1000億円以上の大型薬に育っていた。

同時に取り組んだのが、人員の適正化である。2000年に1万1000人いた社員を7500人にスリム化した。

02年3月期の連結純利益は2356億円と就任前の3倍になった。95年の株価1000～1700円から2000年には8080円の高値をつけるまでになった。ただ残念ながら、新たな大型新薬の芽は見ないまま、次の長谷川閑史社長に経営の任を託すこととなった。03年のことである。

長谷川社長は08年、米ミレニアム・ファーマシューティカル社を9000億円で、そして11年にスイス・ナイコメ社を1兆1000億円で買収し、パイプラインを強化しようとした。14年、長谷川氏の後を継いだ現社長のクリストフ・ウェバー氏は7兆円でシャイアー社を買収した。

かくして武田薬品は社長が変わる度に、まったく違う会社になっているように見える。このタイプの会社は長期投資の対象には適さない。社長が代わるたびに、それぞれの社長の経営哲学なり経営方針なりを聞いて投資方針を決める必要がある。

伊藤萬

1990年（平成2年）、野村證券のアナリストから電話がかかってきた。「株価500円、EPSが50円で安いと思う。会社訪問のアポを取ったので一緒に行かないか」という誘いだった。関西の繊維商社としては伊藤忠・丸紅に比べてはるかに格落ちする企業である。気乗りはしなかったが、いろいろアイデアをくれるアナリストなので、準備もせず同行することにした。

ミーティングは、そのアナリストの質問によって進められた。

私は単体と連結の決算短信を読んでいた。気がついたことは2つ。単体では確かにEPS50円が計上されているが、連結は赤字決算。もう1つは、筆頭常務に伊藤寿永光氏の名前があること。伊藤氏は闇の紳士として経済誌にいろいろな事件とともに取り上げられていることを私は知っていた。

ミーティングの後、彼にそのことを教えてあげた。彼は推奨銘柄として取り上げることはなかった。その縁もあって、その後の伊藤萬に関する新聞・雑誌の記事を注目していた。91年には社名を**イトマン**に変更。93年には住金物産に吸収合併された。

一連の記事によると、伊藤萬の赤字は3000億円であったとか。もう一人の闇の紳士・許永中も絡んで3000億円以上の資金が住友銀行から伊藤萬を介して、暴力団関係者など闇社会に消えていったとされる。

社長の河村良彦と許、伊藤は特別背任の罪で刑に処せられた。これは戦後最大の経済事件として今に伝えられている。事件の詳細は國重惇史氏の著書『住友銀行秘史』（講談社）に書かれている。要するに、アナリストとして注意すべきことは、決算短信または有報に不審な点がないか、取締役の中に要注意人物がいないか、念入りにチェックすることである。

オリンパス

長年にわたって興味を持ちながら、一度も投資したことがない銘柄がある。オリンパスである。私が最初に訪問したのは1992年（平成4年）、取材相手は経理部主任の森久志さん。初対面から印象の良い人で、主任という肩書きながらほとんどの質問に明快に答えてくれた。

主製品の内視鏡は世界で95％と圧倒的なシェアを持ち、利益率も高い。最初は検査用が普及したが、この頃から手術用の普及が始まりつつあった。内視鏡についても担当の方を紹介してくれて、その将来性に確信を持った。ただし、私には2つの質問が残っていた。

1つは、赤字のカメラ事業をなぜ続けているのか、である。「カメラ部門を売却ないし撤退して経営資源を内視鏡に集中すれば、オリンパスの株式市場での評価は高まると思うが」という質問をぶつけた。

森さんの答えは、「オリンパスには消費者向けの製品が他にない。だからやめるわけにはいかないというのが会社としての考えです」だった。

むしろ、下山敏郎社長（84〜93年）の時代には、経営の主軸をカメラに移そうとした時期もあったようだ。投資家としての私には納得できる回答ではなかった。

同社は今もカメラ事業を続けている。スマホの普及でカメラの需要は減少。しかもミラーレスの出現とともにソニー・パナソニック・富士フイルムなどの強力な同業者が出現している。にもかかわらず、である。

2つ目の質問は、バブル崩壊後、訪問する会社では必ず聞いていた。「特金の残高は？」「不良資産・不良債権は？」である。ほとんどの会社は「処理済み」とか「ほぼ処理済み」という回答を得た。

シャープは未処理の特金があると聞いたので、「一時的な処理損が出ても早く残高をなくしてください」とアドバイスした。半年後、訪問したときはすべて処分したと教えてくれた。

オリンパスの場合は違った。

「オリンパスは歴史の長い会社だが含み資産がない。特金を含み資産にしようと思うので売ることは考えてない」

長年、株式市場に関わってきた私にとっては信じがたい回答であった。オリンパスは80年代後半、下山社長の時代には特金に手を出していた。森さんに会った時、特金の運用残高は240億円と聞いた記憶がある。94年の運用残高は400億円と聞いた。私のアドバイスは聞き入れてくれなかったわけである。

この頃、岸本正壽社長（93～01年）に代わっていた。その後、特金の含み損が700億円とか1000億円とか噂を聞くようになったが確かめようもない。噂が事実とすれば、損失が膨らんで悪あがきを始めたのだろう。この段階でも損失をすべて計上し、その経過を明らかにすればまだ罪は軽かったはずだ。ところが同社は巨額の損失隠しを始めた。

数社の企業買収が日本経済新聞に報じられた後、私は菊川剛社長に面会を求め、その目的や買収金額の説明を求めたが、ほとんど納得のいく話は聞けなかった。

後日振り返れば、すべて損失隠しの一環であった。結果、有価証券報告書における虚偽記載、金融商品取引法上の違法作為などの罪で刑事裁判・民事訴訟の対象となった。

２０１１年４月にマイケル・ウッドフォード氏が菊川氏に代わって社長に就任した。雑誌「ＦＡＣＴＡ」11年8月号にオリンパスの記事が掲載されたのは、その４カ月後のことである。この記事によると、過去の企業買収で不透明な会計処理が行われたと報じられている。マイケル・ウッドフォード社長はこの問題を調査し、同年10月に菊川社長と森副社長に引責辞任を促した。

結局、オリンパス事件の原因とは？

証券アナリストとして経営幹部に面談し、あるいは報道を通して知り得たことは、ほぼ以上の通りである。

別の側面からこのオリンパス事件に関わり、その顛末を記した横尾宣政氏の著書『野村證券第二事業法人部』（講談社）も、この事件をより詳しく知りたい方には参考になるかもしれない。

オリンパス事件の原因は、もとはといえば「特金」である。あの山一證券破綻の原因も営業特金と利回り保証であった。特金について改めて整理しておきたい。

特金とは「特定金銭信託」の略称である。運用方法や運用先を委託者が指定（特定）できる信託と定義されている。

ところが、ブラックマンデーの後、1988年（昭和63年）1月5日に大蔵省が「特金・ファントラの決算計上の弾力化と生保の運用枠の拡大を軸とした対策」を打ち出した。

内容は、①事業会社に低価法・原価法の選択性を採用、②生保について総資産に対する特金・ファントラの枠を3％から5％に拡大する。低価法・原価法の選択性といえばほとんどの事業会社は原価法を採用する。要するに、評価損は公表しなくてよいということだ。

加えて、すでに述べたように、特金には簿価分離が認められている。

以前から原価100円の銘柄を持っていても、追加でA銘柄を1000円で買えば、単価は加重平均した価格になる。しかし、特金で同じ銘柄を買った場合、帳簿価格はそれぞれの価格で計上してよいことになる。しかも、バランスシートで特金は現金預金の科目に計上されるので、特金をどれだけ保有しているか投資家にはわからない。

ブラックマンデーに続くさらなる株式市場の下落を避けたい大蔵省の思惑が、特金・ファントラの決算計上弾力化に結びついたとの見方もある。

　これは、アベノミクスにおける日銀・ＧＰＩＦ（年金積立金管理運用独立行政法人）の株式買付に通じるものがあるようにも思うが、いかがだろうか。賢明な読者と歴史の判断を待ちたい。

あとがき

私は本書で株価の10年サイクルや株価の景気に対する先行性について述べてきた。とはいえ、どちらも例外はある。10年サイクルでいえば、1つは大正初期の第1次世界大戦から太平洋戦争中の管理相場的色彩を帯びた相場、そして終戦まで。2つ目は1974年の第一次オイルショックから1989年末のバブルのピークまで15年余にわたるブルマーケットだ。

2つ目の間に、81～82年の景気停滞、87年のブラックマンデーの下げはあったが、その下げ幅・期間ともに短期・小幅にとどまり、大勢の上昇局面を変えるほどのものでなかった。私の定義では、**10年サイクルの下げ相場は、30％以上の下落が必要**と考えている。

明治時代の相場師であり実業家でもあった福沢桃介は、「株式相場は10年を1期として起伏があるが、その将来は大いに楽観していい」と述べている。しかし、世の中には何が起こるかわからない。したがって臨機応変に対処する考えも併せ持つことが必要である。

相場の世界には多くの法則があるはずだ。その中から自分の個性に合った法則を選び、日頃から研究しておくことが重要といえる。なかでも基本的な法則は景気と株価の関係である。

景気の動向と、それが株価に何を及ぼすかを考えることは、習慣にしておくべきだろう。

2019年5月、金融審議会の市場ワーキング・グループが「高齢社会における資産形成・管理」という報告書（案）を出した。この中で資産形成の心構えとして「長期・積立・分散投資」を薦めている。では、「長期」とは何年くらいのことなのか。

日本が高度経済成長を続けていたときは、本当の意味での長期投資で充分な成果を得られた。しかし、当時の証券会社は個人投資家に短期の回転商いをすすめ、結果として個人投資家の裾野を広げることができなかった。

今は低成長経済である。89年のバブルのピークを経て高度経済成長は昔の話になった。もちろん低成長経済のもとでも、株価は10年ごとに上げ・下げを繰り返している。今後も10年サイクルが続くとは限らないが、**安いときに買って高いときに売る、そして次の買い場まで休む**という時代に戻ったのではないか。

先述の福沢桃介によれば、「真の相場師は、いわゆる大きな相場の波だけを注目している。何年かの間に一度しかやってこない好機を狙っているのだ。大相場を制約する景気変動についても人一倍の調査研究をする」とのこと。休んでいる間も政治・経済・社会の勉強を怠ると、次のチャンスを逃すことになる。本間宗久翁の次の言葉も肝に銘じておきたい。

「相場の世界は孤独、頼れるのは自分の判断力、決断力、資金力だけ。他人に相場観を聞いて失敗すると友情とお金、そして相場を徹底的に勉強するチャンスを失う」

私の取材に快く応じてくださった多くの事業会社の方々に、心からお礼を申し上げます。また、私の会社訪問記の企画を提案してくれ、そして編集者を紹介してくれた泉田良輔氏に改めてお礼を申し上げるとともに、根気強く編集に時間を割いていただいた古川浩司氏にも感謝いたします。同氏に担当していただかなければ、本書は存在していません。

本書は、フィデリティ投信在職中にともに働き、アイデア交換したファンドマネジャーやアナリストとの知恵の結晶です。改めて皆様方にお礼申し上げます。また資料の収集・整理に快く協力していただいた秘書の関根さん・枝さんにも深く感謝申し上げます。

最後に、今回の執筆中、家のことを任せきりにした妻に、本書を捧げます。

新型コロナウイルス感染症の一日も早い終息を願いながら。

参考文献

松本和男『2003年日米恐慌』中公新書ラクレ、2001年
壁井与三郎『かぶと町回顧五十年』東洋経済新報社、1982年
野村徳七『蔦葛』
半藤一利『昭和史 戦後篇』平凡社、2009年
田中角栄『日本列島改造論』日刊工業新聞社、1972年
是川銀蔵『相場師一代』小学館文庫、1999年
西野智彦『平成金融史』中公新書、2019年
國重惇史『住友銀行秘史』講談社、2016年
横尾宣政『野村證券第二事業法人部』講談社、2019年
有沢広巳〔監修〕『証券百年史』日本経済新聞社、1978年
生形 要『相場師』日経新書、1969年
細金正人『兜町の四十年』中公新書、1990年
「東洋経済 統計月報」1999年4月号、東洋経済新報社

【著者略歴】

山下 裕士（やました・ひろし）

フィデリティ投信 前相談役。大学卒業後、1960年に大阪屋證券（現・岩井コスモ証券）に入社。証券アナリスト業務に従事した後、1978年にエフ・エム・アール・コープ東京事務所（フィディリティ投信の前身）に転職し、資産運用・企業調査業務に従事、長くファンドマネジャーを務める。資産運用の世界では例外的なほど長期にわたる経験を持つ数少ないプロフェッショナルの一人であり、驚異的な運用成績とともにその企業調査手法や市場への視点は、プロの投資家・アナリストたちからの尊敬を集める。フィデリティ投信の相談役などを務めた後、2019年に退任。

伝説《でんせつ》のファンドマネジャーが見《み》た
日本株式投資《にほんかぶしきとうし》100年史《ひゃくねんし》

2020年 6月 1日 初版発行

発行 **株式会社クロスメディア・パブリッシング**

発行者 小早川 幸一郎

〒151-0051 東京都渋谷区千駄ヶ谷4-20-3 東栄神宮外苑ビル

http://www.cm-publishing.co.jp

■本の内容に関するお問い合わせ先 …………………… TEL (03)5413-3140／FAX (03)5413-3141

発売 **株式会社インプレス**

〒101-0051 東京都千代田区神田神保町一丁目105番地

■乱丁本・落丁本などのお問い合わせ先 ……………… TEL (03)6837-5016／FAX (03)6837-5023

service@impress.co.jp

(受付時間 10:00～12:00、13:00～17:00 土日・祝日を除く)

※古書店で購入されたものについてはお取り替えできません

■書店／販売店のご注文窓口

株式会社インプレス 受注センター ……………………… TEL (048)449-8040／FAX (048)449-8041

株式会社インプレス 出版営業部 …………………………………………………………… TEL (03)6837-4635

カバーデザイン 金澤浩二 (cmD)

編集協力 奥平 恵

DTP・図版 株式会社ニッタプリントサービス

印刷・製本 中央精版印刷株式会社

ISBN 978-4-295-40422-4 C2033